U0905217

珍藏本
纪念版

汉译世界学术名著丛书

基督教并不神秘

〔英〕约翰·托兰德 著

张继安 译

吴云贵 校

商务印书馆
SINCE 1897 The Commercial Press

2017年·北京

John Toland

CHRISTIANITY NOT MYSTERIOUS

根据西德弗罗曼出版社 1964 年影印的 1696 年伦敦第一版译出

汉译世界学术名著丛书
（120年纪念版·珍藏本）
出版说明

2017年2月11日，商务印书馆迎来120岁的生日。120年前，商务印书馆前贤怀揣文化救国的理想，抱持“昌明教育，开启民智”的使命，立足本土，放眼寰宇，以出版为津梁，沟通中西，为中国、为世界提供最富智慧的思想文化成果。无论世事白云苍狗，潮流左右激荡，甚至战火硝烟弥漫，始终践行学术报国之志，无改初心。

迻译世界各国学术名著，即其一端。早在20世纪初年便出版《原富》《天演论》等影响至今的代表性著作，1950年代后更致力于外国哲学和社会科学经典的译介，及至1980年代，辑为“汉译世界学术名著丛书”，汇涓为流，蔚为大观。丛书自1981年开始出版，历时三十余年，迄今已推出七百种，是我国现代出版史上规模最大、最为重要的学术翻译工程。

丛书所选之书，立场观点不囿于一派，学科领域不限于一门，皆为文明开启以来，各时代、各国家、各民族的思想与文化精粹，代表着人类已经到达过的精神境界。丛书系统译介世界学术经典，引领时代思想，为本土原创学术的发展提供丰富的文化滋养，为推动中国现代学术和现代化进程做出了突出的贡献。

为纪念商务印书馆成立120周年，我们整体推出“汉译世界学术名著丛书”120年纪念版的珍藏本，寄望既利于文化积累，又便于研读查考，同时向长期支持丛书出版的译者、编者和读者致以敬意。

两甲子后的今天，商务印书馆又站在了一个新的历史时间节点上。我们不仅要铭记先辈的身影和足迹，更须让我们的步伐充满新的时代精神。这是商务人代代相传的事业，更是与国家和民族的命运始终紧密相连的事业。我们责无旁贷，必须做好我们这代人的传承与创造，让我们的努力和成果不仅凝聚成民族文化的记忆，还能成为后来人可以接续的事业。唯此，才能不负前贤，无愧来者。

商务印书馆编辑部

2017年10月

目　　录

关于托兰德及其著作《基督教并不神秘》

（一）

约翰·托兰德是英国十七世纪末到十八世纪初的唯物主义哲学家和自然神论者。他于1670年生于爱尔兰伦敦德里，1722年死于伦敦附近的朴特内。他生活和写作的时代正好是英国资产阶级和新贵族相妥协，以所谓1688年"光荣革命"结束英国资产阶级革命的期间及以后的一段时期。那时，在英国建立了大资产阶级和新贵族联合专政的君主立宪的政权，资产阶级和广大劳动人民的矛盾开始成为英国社会的主要矛盾，资产阶级开始成为英国统治阶级的一部分了。这时，他们除了运用国家政权对广大劳动群众进行暴力的镇压以外，也发现唯心主义和宗教"可以用来操纵他的天然下属的灵魂，使他们服从那些由上帝安置在他们头上的主人的命令"。[①] 于是唯心主义和宗教就成了资产阶级麻痹、愚弄劳动人民的思想武器。这反映在意识形态领域中，就出现了以贝克莱为代表的一条唯心主义的路线。

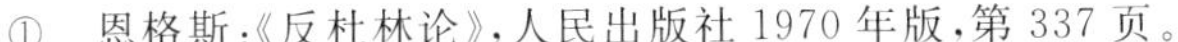

① 恩格斯：《反杜林论》，人民出版社1970年版，第337页。

然而，英国资产阶级中也有少数进步的人，他们代表的不是占统治地位的英国大资产阶级的利益，而是代表英国中下层资产阶级的利益。这个阶层在1688年妥协后没有得到多少实际利益，反而受到大资产阶级和新贵族的限制和排挤，因而对于这个政权表示不满，提出了自己的政治要求，而且形成了一派政治力量——即"自由思想家"，其中著名者有托兰德、柯林斯、多德威尔、考尔德、哈特莱、普利斯特列等人。他们在政治方面提出了政治自由的要求，宣传天赋人权的学说，要求捍卫人民的权利；在宗教方面提出了捍卫宗教信仰自由，宣传自然神论；在哲学方面批判唯心主义，宣传唯物主义。

托兰德是英国自由思想家的理论奠基人之一。他鼓吹自由思想，认为通过自由思想才能达到真理，他是英国自由资产阶级争取思想自由、信仰自由、反对宗教迷信和盲目崇拜的代言人。例如他说："让人们自由说出他们的思想吧，除非对邪恶行为之外，不要侮辱或惩罚他们，让他们的思想言论由别人自愿地反驳或赞成吧。只有那时你才能确实地听到全部真理；否则，即使能听到一点，也只是片言只语、模模糊糊。"[①]在《泛神论》一书中，托兰德把"真理、自由和健康"作为自己的崇拜对象，给予高度赞扬，他所崇拜的人物是历史上伟大的哲学家、科学家和作家，他还认为，甚至这些人物也不应成为束缚"人类自由精神"的权威。[②] 他还写过不少政论性的文章，呼吁巩固英国资产阶级革命的成果。他捍卫国家起源

① F. A. 朗格《唯物论史》，1925年伦敦英文版，第1卷，第325页。

② 同上。

于契约的理论，认为如果资产阶级所选出的国王和议会不能充分保护公民的财产和权利，人民就有权起义。他还要求资产阶级的个性自由发展，认为在教育上必须让人们的个性有全面发展的可能，并主张人的社会地位应取决于个人的才干，而不应取决于个人的社会出身。托兰德的这些政治思想在当时对于巩固英国资产阶级革命的成果，进一步发展资本主义是有着积极意义的，特别在1688年阶级妥协后，大资产阶级特意利用宗教来麻痹人民群众，社会上宗教情绪有所高涨的时候，更是如此。

托兰德是一位知识渊博的学者，据说懂十多种文字。他的著作也很多，涉及宗教、哲学、历史等方面，他对基督教的起源作过大量研究。就哲学著作而言，最能全面反映他的思想以及影响最大的是《基督教并不神秘》(1696年出版)，《致塞琳娜的信》(1704年出版)，和《泛神论》(1720年出版)。

根据这三部著作，我们大体上可以把托兰德的哲学及宗教思想的发展划分为三个时期:《基督教并不神秘》一书所反映的是他的唯物主义及自然神论思想的时期;《致塞琳娜的信》所反映的是他对唯物主义思想巨大发展的时期;《泛神论》所反映的是他的泛神论思想的时期。从托兰德哲学思想的发展，可以看出，他从洛克的唯物主义出发，坚持并发展了洛克的唯物主义思想，从而把唯物主义推向一个更高的水平。托兰德代表了一条从洛克出发，坚持并推进唯物主义的路线，正好与以贝克莱和休谟为代表的从洛克出发，改变洛克的唯物主义并引向唯心主义和不可知论的路线形成了尖锐的对比。以托兰德为代表的唯物主义和自然神论的传统，以后又为十八世纪法国资产阶级革命的启蒙思想家所继承，并发展为革命的唯物主义和战斗的无神论。

(二)

《基督教并不神秘》一书是托兰德在牛津期间写成的,于 1696 年在伦敦出版,当年就再版发行,可见此书深受读者欢迎。由于此书对宗教及教会进行了尖锐的批判,引起了当局及教会的愤怒反对,根据爱尔兰议会的决定,于 1697 年在爱尔兰都柏林议会大厅门前将该书焚毁。托兰德本人也为了躲避爱尔兰议会的逮捕而离开了爱尔兰逃到英格兰去,在英格兰期间也是提心吊胆,随时都有被起诉的危险。其后不久,在英国本土及欧洲大陆上陆续出版了四十多本书对此书进行了围攻和批判。由此可以看出此书的革命影响了。

《基督教并不神秘》一书的写作有其特定的历史背景。在英国资产阶级革命期间,资产阶级为了反对封建制度,曾对封建制度的精神支柱——宗教神学进行了一定程度的批判,而且,自然科学的发展也日益和宗教神学的基础发生矛盾,因此宗教神学及教会的权威在人们心目中开始动摇。然而英国资产阶级的软弱性和妥协性又决定了它对宗教神学的批判是不彻底的,还企图保留宗教并利用宗教作为自己的意识形态。另外,在英国资产阶级中还有少数比较进步的人士,在反对宗教神学时诉诸理性,提出用理性来代替教会权威,用理性作为检验宗教教条的标准。例如齐林伍尔司(Chillingworth)认为《圣经》本身若有争论时,就得诉诸理性,由理性来加以判断。蒂洛森(Tillotson)说:“任何未经充分证明为神圣的东西，决不应接受为神圣的教义或启示。”[①]又说：“要证明一个人是错误的，最好的方式莫过于听到他宣布反对理性，而由此发现理性是不在他那一方面的。”[②]这些人就成为后来的自然神论者的先驱。托兰德的自然神论思想就是从这些人出发的。可是，对于托兰德思想具有最直接影响的是洛克。洛克在1689年发表了《宽容书》表述了他关于宗教宽容的思想，1690年发表了《人类理解论》，1695年发表了《论基督教的合理性》，表述了他的宗教思想，他一方面反对盲目崇拜和宗教狂热，认为基督教是合乎理性的，信仰不能与理性相违背；另一方面，他又认为存在着超理性的东西，这些东西不是人们的自然能力、不是理性所能发现的，例如死者复生等等，这些纯粹只是信仰的对象，与理性并无直接关系。

然而在十七至十八世纪的英国，与自然神论者相敌对的维护宗教神学的、以正统神学家自居的人，不论在人数方面或特权方面都大大超过了自然神论者。他们大力宣扬宗教神学，反对无神论和自然神论。如剑桥柏拉图学派的神学家们就用基督教柏拉图主义的观点来反对霍布士的无神论和唯物主义的学说。他们还依靠教会的支持，对自然神论者进行种种迫害，在这种条件下，自然神论者的斗争当然是很艰苦的。

当时自然神论者和正统神学家们围绕着理性和信仰关系的问题展开了争论。正统神学家们坚持基督教的信仰主义和神秘主义，认为宗教信仰高于一切，崇尚盲目崇拜、宗教狂热、宗教迷信，

① 见L.斯蒂芬：《十八世纪英国思想》，1927年英文版，第1卷，第78页。

② 本书题名页。

维护教会特权、教会专横，实行宗教迫害。自然神论者坚决反对基督教的信仰主义和神秘主义，认为理性高于一切，信仰应建筑在理性的基础之上，把理性作为检验一切的标准，凡是违背理性的信仰和宗教教条都应一律推翻，因此盲目崇拜、宗教狂热、宗教迷信通通都应扫除，主张宗教宽容，反对宗教迫害。

《基督教并不神秘》一书就是在这样的条件下写出来的，它也是围绕这些问题而进行论战的。此书的副标题非常明白地说出了本书的主要目的是要“证明在福音书中没有任何违背理性并超越理性的东西；以及恰当地说来，任何基督教的教义都不能叫做某种神秘”。很明显，此书的中心目的就是要批判基督教的信仰主义和神秘主义。

作者在本书一开头就提出，基督教中种种神秘是引起人们长期争论不休的问题，并指出神学家们不但没有解释清楚这些问题，而且由于各人的标准不同，把问题更搅混了。作者接着驳斥了几种传统的错误看法，指出对这些问题不应根据古代教父们的原意来加以理解，因为他们的原意也是各式各样的；也不应根据教会权威学者的看法，因为他们的观点也很不一致，而且互相攻击；也不应根据宗教全会或教会首领的意见，因为全会正是由教父们组成的，而个别首领也不会是绝对无误的；也不应根据《圣经》的字面意思，因为《圣经》已经受到各种哲学不同的解释。那么究竟应根据什么来理解这些神秘呢？作者回答说，理性是一切确实性的唯一基础，因此这些争论只能根据理性来加以理解。既然理性是检验、证明一切的基础和标准，所以作者在本书的第一部就首先来说明什么是理性。

第一部《论理性》主要根据唯物主义的反映论来说明什么是理性。首先，作者排除了几种不正确的理解，指出“抽象地加以思考的心灵”（即一般心灵），“事物之间所固有的秩序及其说明”，“自己的倾向和他人的权威”均不能叫做理性。

接着作者从唯物主义感觉论的立场出发，研究了人的认识过程，指出“当一个确定的对象顺利地呈现给眼、耳或任何其他正常的感官时，就必然在人心中形成不可避免的印象，同时人心也必然会意识到自身的活动；因此就形成了诸如知觉、意欲、否定、不作判断等活动”。[①] 这是明确地表述了从物到感觉到认识的一条唯物主义的认识路线。但是作者认为“这种接受这些观念进入人心的单纯活动并非理性，因为心灵在这里纯粹是被动的”。[②] 作者还认为“当人心无需借助于任何其他观念就直接知觉到两个或更多的观念的一致或不一致，例如，2＋2 等于 4，红色并不等于开花，这不能叫做理性”。[③] 只能“叫做自明和直觉”。那么理性究竟在哪里呢？作者认为“当人心不能直接知觉到任何观念的一致或不一致，这是由于这些观念离得太远，为了要比较这些观念，人心就要借助一个或多个中间的观念来发现其一致或不一致”。[④] 作者举例说，两座离得很远的房屋，其长度一致与否我们靠眼睛不能确定，于是我们借用一根绳子去连续测量二者，这样就可以知道二者长短一致与否，只有这种方法可以恰当地叫做理性或证明。作者把理性

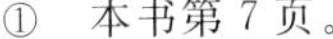

① 本书第 7 页。
② 同上。
③ 本书第 8 页。
④ 同上。

定义为"即心灵借助于将其与某种明显已知的事物相比较的方法来发现任何可疑或不明的事物的确定性的那种能力"。[①] 作者强调这种推理的活动是以清楚的观念作为唯一的根据和基础的，认为若无清楚的观念就无法推理，而清楚的观念决不是天赋的，而是由于客观对象作用于我们的感官而产生的。这表明托兰德是从唯物主义的立场来说明理性的，这与唯心主义者对理性的解释是截然相反的。

最后，作者为了强调理性和证明的重要性，把告知的方法（即我们借以达到认识的途径）和信服的根据（即我们借以判断一切真理的、而必然使人心信服的准则）加以区别，认为经验、启示只是告知方法，并不能使我们信服，只有理性和证据才能使我们信服，而所谓证据，即靠理性证明我们的观念或思想与其对象或被思想着的事物完全符合。这一区分，正是作者的全部论证的理论根据。可以说，第一部《论理性》明确地阐述了唯物主义反映论的基本思想，是全书的理论基础。

第二部《论福音书的教义并不违背理性》主要论证《圣经》和理性并不矛盾，《圣经》的神圣性应该根据理性来加以证明，因此人们对上帝启示的信仰也必需建立在理性的基础之上，不可盲目崇拜我们所不理解的东西。我们在这里只着重介绍两点：

第一，作者认为理性既是确证一切的唯一基础，也是证明《圣经》神圣性的唯一基础。作者指出我们相信《圣经》是神圣的，并非根据《圣经》的声明，而是根据其中所叙述的事情具有真实的证据，

① 本书第9页。

其实，这就是根据理性来证明其神圣性。作者更指出："我认为，《圣经》自身中就存在着神圣性的最鲜明的品格；但是，却是靠理性来发现它们，检验它们，并且根据理性的原则来赞成它们和宣布它们是有根据的；这样做，就会合乎规则地在我们心中引起一种对信仰或信服的默认。"①

正因为作者把理性作为衡量《圣经》的标准，所以作者反对拘泥于《圣经》的表面字句，指出，"问题不在于字句，而在于其真实的意思"，并指出这意思应"代表着作者的思想，因而符合他全部讲话以及必要时所作的比喻式的说明的精神。否则，在信仰上帝的言语的借口下，根据《圣经》的个别字句很可能推导出极大的荒唐及亵渎神明的说法来。"②还指出，"没有合理的证据，没有明白的一致性就相信《圣经》的神圣性或其中任何一段的意思，这就是一种应受谴责的轻率，就是一种鲁莽的看法"，并分析了其根源或者是由于"无知和任性"，但更主要的是"出于某种利益的考虑"。③

第二，作者认为对上帝的启示也应有无误的证明，对上帝启示的信仰是建立在理性证明的基础之上的。作者根据在第一部《论理性》中提出的应把告知的方法和信服的根据区别开来的理论，进一步指出，上帝的启示只是一种告知的方法，要使它为我们信服，就必须加以无误的证明，说明它是可以了解的，而且又是可能的。作者反对盲目崇拜，指出凡是"不可了解的关系，我们不能根据上

① 本书第20—21页。

② 本书第21页。

③ 本书第23页。

帝的启示就相信它们。”[①]因为对上帝启示的信仰是根据有力的证明，并不是根据盲从。作者这一思想有力地驳斥了盲目信仰。

第三部《论在福音书中没有任何神秘的东西或超越理性的东西》，主要论证《圣经》中没有任何超越理性的、人们不可理解的东西。这一部分是全书的中心议题，其篇幅约占全书的五分之三，并反映出托兰德在对宗教的批判上已经超过了洛克。

首先，作者考察了“神秘”这个概念的含义，指出所谓“神秘”可能有两种意思：(1)指某种其自身是完全可以理解的东西，只是为形象的词汇、样式和仪式所掩盖，因此只有靠特殊的启示将帷幕揭开，理性才能发现它；(2)指某种就其本性而言是不可设想的东西，或虽被清楚地启示出来，但我们的普通见解和能力无法判断的东西。作者引证了《新约全书》中凡是出现过“神秘”这个词的全部段落，并逐条进行分析，认为这里所谓“神秘”只是指第一种意思，决不是指第二种意思。最后，作者认为在《圣经》及宗教中决没有第二种意思的神秘，也就是说，没有任何不可设想的神秘目的，或者某种虽被清楚地启示出来，可是我们的理性无法理解和判断的东西。他说：“所以，我现在可以公正地盼望，宗教中不可理解的、不可设想的神秘的目的，应该立即被一切诚恳地尊敬教父、《圣经》或理性的人们所放弃。”[②]

第二，作者根据自己的认识论原则论证了不能因为我们认识的不完善而将基督教教义斥之为某种神秘。作者认为，我们对任

① 本书第 26 页。
② 本书第 69 页。

何有限事物的知识，随着对象在知性面前的表现而逐渐增长，可是，我们对任何事物决不会有完整无缺的观念。正因为如此，我们就不能因为没有对某物的一切性质形成一种恰当的观念就将它说成是某种神秘。根据同样的道理，作者认为任何一条基督教教义和宗教启示也和这些有限事物如木、石、空气、水等一样，易于为我们所了解，如果我们不能对它的全部性质有一种恰当的或完全的观念，也不能因此就将它贬之为某种神秘。

作者仿效洛克，将事物的本质分为名义本质和实在本质，并根据这一理论来论证我们不能因为不认识上帝的实在本质就将上帝说成是神秘的。作者认为，事物的名义本质就是我们在其中观察到的各种性质或样式并给予共同名称的一个集合体。例如太阳的名义本质就是一个光亮的、热的、圆的、离我们有一定距离、按一定规则运动的物体，也就是这些性质的一个集合体。这些性质我们是可以认识的。而实在本质就是某物的内部结构，即此物一切性质的根据或承担者。我们虽然相信事物的种种性质必定会有一个承担者，可是我们绝对不会知道它是什么。例如，我们可以认识太阳的种种性质，可是对它的实在本质，我们却一无所知。当然我们不能因为不知道某物的实在本质就将某物叫做某种神秘，例如我们认识了太阳的种种性质，但对其实在本质并不知道，决不能因此就认为太阳是某种神秘物。作者认为，按照同样理由，我们虽然对上帝的实在本质一无所知，但是我们却认识了它的种种性质，如善、爱、智慧等等，因此我们就不应把上帝称之为某种神秘。

洛克将事物的名义本质和实在本质截然分开，这是犯了经验论的形而上学的错误，把现象和本质、感性认识和理性认识割裂开

来，认为实在本质是不可认识的，这就为不可知论敞开了一条缺口。托兰德在这个问题上虽然从理论上看来也和洛克犯了一样的错误，可是托兰德利用这一理论来论证上帝和基督教并不神秘，并批判了将上帝神秘化的看法，在这一点又有其积极意义。

第三，作者批驳了那种认为信仰的本性是与理性不相容的、信仰是超越理性的谬论，论证了理性是信仰的基础，二者是完全一致的。作者认为，相信任何超越理性的、无法设想的、不可理解的东西，并不是真实的信仰，只是“鲁莽的臆想和顽固的偏见”，只是“盲目的赞同”，“是直接与宗教的目的、人的本性及上帝的善良和智慧相矛盾的”。[①]

作者还指出，信仰是由认识和承认两部分组成，认识是对信仰的证明，承认是信仰的形式活动。从全部《新约》来看，信仰不过是建筑在可靠推理基础之上的一种最坚定的信念。只有对我们可相信的东西进行彻底的考查和检验，才更有益于培养和建立我们对它的信念，反过来，信仰的脆弱和动摇则来自于对它缺乏充分的理解。人们信仰的程度是取决于人们对信仰对象的认识和了解的程度。

作者还进一步驳斥了某些人可能提出的“诘问”。作者说，也许有人会说，照这样看法，信仰不复是信仰，倒成了认识了。“我的回答是……如果所谓认识即是对于所相信的东西的了解，那么我同意这种看法，信仰就是认识。”[②]作者又说，“另一些人会说，对信

① 本书第81页。

② 同上。

仰的这种看法会使启示变得无用。”[①]作者回答说，前面已经证明了任何事实离开了启示就不能被认识。但任何一经启示了的东西，我们就必需去了解它，证明它，才能使我们信服。因此有人也许又会说，这样理性岂不是比启示更崇高了吗？作者又回答说：“这正如一部《希腊语法》胜于《新约全书》一样；因为，我们利用语法来了解《新约》的语言，而且利用理性来理解其意义。但是，总而言之，我看没有必要作此比较，因为理性和启示同样是来自上帝的；理性就是上帝安放在每一个进入人间世界的人中的灯塔、向导和法官。”[②]作者把认识和理性的地位推崇得这样高，这对于批判盲目信仰、盲目崇拜确实起了积极作用。

第四，作者驳斥了人们认为奇迹的本性是和理性不相容的说法。作者认为任何奇迹都不应违背理性，因为奇迹必定是某种自身可以理解而且可能的事情，尽管其活动方式是特殊的。作者举例说，只有根据某物能够排斥围绕一个人四周的火焰，才能设想此人可以安全行走于烈火之中。而那些会产生矛盾的、不可理解的奇迹则是虚构的。例如说什么圣母并没有张开身体的任何通道基督就降生了，这纯粹是虚构。所以真实的奇迹必须是按自然规律产生出来的，虽然高于自然规律通常的效果。

作者还认为上帝不会滥用奇迹、胡乱制造奇迹。任何奇迹只是为了某种特别重大的目的才发生的。例如《新约》中的奇迹，除了用来确认实现奇迹者的权威，使人们遵从福音教义和理性的目

① 本书第81页。

② 本书第82页。

的之外，不会有别的奇迹。最后作者还把福音书中的奇迹和异教徒们的种种巫术、迷信区别开来，并指出奇迹是公开的，凡是只在少数人中秘密履行的所谓奇迹都是伪造的、虚假的。

托兰德对奇迹的这些看法有一定的进步作用，因为他反对把奇迹神秘化，反对滥用奇迹，把奇迹限制于理性所容许的范围之内，这是对宗教迷信的抗议。可是他毕竟还不敢完全否认一切奇迹，这也正好反映了他自然神论的不彻底性。

第五，作者考察了基督教的历史，说明种种神秘仪礼是怎样引入基督教中来的，特别揭露了教士们在基督教中增加了许多繁琐的宗教仪礼，使基督教堕落为纯粹的盲目崇拜，并指出他们这样做完全出于自己的利益，为了“最终垄断了解释《圣经》的唯一权利。”①

（三）

总的说来，托兰德在《基督教并不神秘》一书中所反映的唯物主义思想，虽然是从洛克的唯物主义出发的，但在洛克一些动摇不定、可能导致唯心主义的问题上却坚持并贯彻了唯物主义路线。特别是在此书发表八年以后出版的《致塞琳娜的信》中，托兰德对唯物主义思想又有新的发展，大大超过了他的前辈和同时代的学者，提出了运动是物质所固有的必不可缺少的属性，指出宇宙万物都处于永恒运动和转化的过程中，静止只是相对的，没有绝对的静

① 本书第94页。

止。这说明托兰德在一定程度上克服了当时机械论的观点，将唯物主义向前推进了一大步。

在《基督教并不神秘》一书中所表现的自然神论的思想，也反映了托兰德对宗教和教会的批判要比洛克的宗教观激进。托兰德的自然神论是他摆脱宗教逐步走向泛神论并接近无神论的第一步。正如马克思说的："自然神论——至少对唯物主义者来说——不过是摆脱宗教的一种简便易行的方法罢了。"①

我们现在研究托兰德的思想，首先要肯定他的积极作用，肯定他超过其先辈和同时代人所提出的唯物主义思想和辩证法的因素。正如列宁所说的："判断历史的功绩，不是根据历史活动家没有提供现代所要求的东西，而是根据他们比他们的前辈提供了新的东西。"②当然，我们也应该看到，在当时的历史条件和自然科学发展水平下，托兰德的思想必然具有一定的局限性。他批判宗教时只能以自然神论的外衣出现，还不可能提出鲜明的无神论的思想。而且他的唯物主义总是还属于形而上学唯物主义的范畴，不可能完全摆脱机械论和形而上学的束缚，例如他完全排斥了事物的矛盾，把矛盾说成是"不可能的同义语"，是"纯粹的无"③；把现象和本质、感性认识和理性认识完全割裂开来，不懂得二者的联系等等。

译　者

① 《马克思恩格斯全集》第 2 卷，第 165 页。
② 列宁：《评经济浪漫主义》，见《列宁全集》第 2 卷，第 150 页。
③ 本书第 24 页。

基督教并不神秘

或

一　本　论　著

证明

在福音书中没有任何

违背

理性

并超越理性的东西：

以及恰当地说来任何基督教的

教义都不能叫做

某种神秘

要证明一个人是错误的，最好的方式莫过于听到他宣布反对理性，而由此发现理性是不在他那一方面的。

——约翰·蒂洛森大主教

伦敦，1696 年印刷。

前　言

我相信所有的人都会欣然承认，没有人会比捍卫或阐述真理的人讲话时有更大的自由和自信。但是，如果我们信任先前的历史，或者恰如其分地考虑当前所发生的一切，我们就会发现，要将自己的看法公诸于众时，没有人会比那些持有真理的人更加畏首畏尾的了。人们满以为这些人的善良目的和动机一定会使他们免受论敌的攻击，然而因为酷爱真理而遭受莫大耻辱和暴行的人却是不乏其例的。可是如果我们作一番恰当的估计，并考虑到那些与先知们和使徒们在一起的早期殉道者们，我们就会发现，那些声称只是为了真理而捍卫真理的人与大量支持谬误的党人相比简直少得可怜。

我们时代可悲的境况就在于，人们对于自认为属神的东西，尽管它是如此地正确和有益，但只要稍稍不合于某个派别的或法律所确认的主张，他就不敢公开和直接地加以承认，而只好或者被迫永远保持沉默，或者化名更姓以某种隐晦曲折欲言又止的笔法倾诉自己的感情。至于谈及那些行为更加耿直的人们的哪怕是些微厄遇，这也就成为一个令人极为辛酸的话题了，足以使一切真正宽厚善良的人们哀叹不已。

绝大多数人心性的堕落，加之个别人物的野心，就使得这个问题在政治及世俗事务上似乎不足为怪了；可是，人们不仅能够在法学或医学、在其它艺术和科学方面作出了新的发现和改进，而且在这样做的时候，他们自己也就理应得到鼓舞和报偿。但是，事情多么奇怪呀！想不到只是标志着神圣、安宁、完美的宗教，它的神圣的名字竟被如此广泛地滥用来维护野心、邪恶和争吵！而且，令人不可思议的是，我们最高利益要求我们彻底理解的东西竟被（其理由后面就会谈到）弄得晦暗不明，而且千方百计地使它如此！不，甚至达到了这样的地步，真理在各处遭到的更强烈的反对并非来自别的人，恰恰来自那些高喊维护真理的人，而且这些人甚至被当作上天恩泽和神谕的唯一施舍者。如若谁敢于触犯为他们带来名利的最微不足道的琐事，他马上就会被申斥为异端而受到追究；而且，如若他尊重他们的谴责，他就得被迫作出体面的补偿；如若他违命顽抗，他就会沦为他们刻骨仇恨的牺牲品，至少弄得个名誉扫地。

我们可以确信，他也不愿意接受那些公然反宗教者的娓娓动听的宽恕及其原则的，这些人既然践踏一切公正和真理，也就必然要仇视并作弄这些及其他一切善行的热心提倡者。这些令人沮丧的思考够多的了！尽管如此，我还是不揣冒昧地出版这本论著，意想以此尽我所能地纠正一些人的狭隘的宗派教条和另一些人的极不虔诚的原理。

无论那种无神论者或不信者都没有理由会因为我要和他们比试高低，或因为我只是以他们指定给我的武器来攻击他们而对我大发雷霆。一位真正的基督徒当他发现我诉诸理性并非为了削弱或迷惑天启，而是为了确证和说明天启，他也不会受到冒犯的；除非他担忧我会将谁也不愿承认的荒唐的东西完全澄清，或者也使别人一目了然。我希望廓清如下的看法，即运用理性于宗教并非如通常所说的那样有害；而且，如果当理性似乎有利于人们时，就极力推崇，而当它反对人们时，则不予理睬，这只能是用理性的权威来反对理性自身。这确实是高超的特权，并且是能够设想出来的使人们在争论中总是稳操胜券的最可靠的办法。

为了使误解的不信者不致说我只是以假设来维护我的信仰，如同某些人那样，首先想象或接受一种意见，然后再找出证据去证实它，我郑重地宣布事情完全不是这样；而且我认为，除了最高证据强令我接受的东西而外，没有任何别的东西可作为我的宗教信条。由于我从小是在浓厚的迷信和偶像崇拜的环境下教养起来的，上帝乐意把我自己的理性创造成为使我改宗的幸运的工具，正如利用其他人的理性一样。于是从很早起，我就惯于考察和探索，并受教勿使我的知性像感性那样受到任何人或社团的迷惑。因此，我认为，向别人传达真理的最好的方法就是使其自己学得真理。

为使好心的基督徒不致像通常那样，怀疑我的目的不只是我所公开声明的那些东西，并在保卫真正宗教的漂亮借口下，狡猾地掩饰某些恶劣的原则；我向他保证，我是尽量以完全诚恳和坦率的心情来写作的，因为我坚信我所写的每一句话和每一件事实。任何一位善良的人如果在这个声明以后仍对我不信任，那一定是出于强烈的偏见：因为不陷于这种或那种偏见的人是极少见的，对此应给予适当的谅解。我们大家是多么珍爱我们在青年时代所学来的东西呀，譬如对我们曾经在那里度过那个愉快时期的一些地方的印象或记忆总是奇异地影响着我们！在母亲的眼里，最标准的语言和最有根据的论述，决不如她咿呀学语的宝贝的呀呀儿语那样迷人。一个在昨天刚形成的暴发户居然自称推翻了那耗费了古人这么多时间和精力才建树起来、而且也耗费了他们自己这样巨大的艰辛和代价才学来的东西，这在一些人看来确是难于接受的。而且，当另一些人只不过请求解释他们的那些通常毫无意义的术语，或那些他们必定耻于承认会是想错了的东西时，他们就会像一个挥霍无度的商人在查阅自己的账目时那样不自在；倘若他们能限制他们的偏激，那就好办了。不仅是少数人，而常常是整个社会，他们只是极表面地思考事物，根据道听途说就确定了事物的价值，仿佛它们就是整个宗教的真实本质。这些偏见尽管怎样错误和不当，可是谁敢于质问或拒绝就会被说成是危险的异端；然而，正如我现在所示意的，它们要么毫无意义，要么是一些头面人物杜撰出来的，以便把清楚的事物弄得晦暗不清，并常常以此掩盖他们自己的无知。不可原谅的是，《圣经》居然受到了曲解，以便使这种经院学派莫明其妙的说法，以及其作者们的一切形而上学的怪想能够得到默认。但是，这绝大多数偏见的毫无根据是显而易见的，以致只要一指出来就足以将其驳倒；我决不会因为任何这类性质的事情而大动肝火，正如一位有涵养的人不会因为看到那种用谩骂来代替理性的声明而动感情一样。

至于那些使我联想到天主教的轻信已经把我吓得远远躲开了它的先生们，除了表明我并不羡慕他们所吹嘘的那种廉价而方便的中庸之外，我不会说出什么来使他们满意的，同时我还要声明，真理和谬误是绝不相容的。宗教是不会以我们的幻想来加以创造的，也不会以它与我们个人意愿的关系来加以判断的；否则，势必是，有多少个人就会有多少个信条：但是我们的观念不论与之多么不相一致，而且我们世俗的方便也尽可以随其所欲，可是宗教总是同一个东西，正如上帝是其创造者一样，而就上帝而言，既不存在交易，也不存在变化的影子。

如果有人问我，我是否能对我自己的能力提出一种极好的说明，以便由此可以推测出来，我能够证明，可以给许多世纪以来各式各样学者们为之绞尽了脑汁的所有那些粗俗学说、含混术语和迷惑难解的区分提供一种合理的说明；我回答说，除了福音书的术语和教义以外，我并不冒称（正如本书标题页所证明的）我们能解释这个或那个时代的、议会或国家的术语或教义，（其绝大部分确实是不可了解的神秘。）我如此费神考虑的并不是东方或西方、正统或阿里乌教派的、新教徒或天主教徒的宗教教条，而只是耶稣基督及其使徒们的教条。而且在运用这种论证及每一种其它善行时，我并非只依赖自己贫乏的学识，而且还依赖上帝的恩惠，我希望，这将使我能够把上帝的启示意志与大量不正确的矛盾和晦涩的污迹辨别开来。

我可能在许多问题上与那些在学问和虔诚方面堪称卓绝的人士不相一致；但是只要真理明显是在我这方面，这就不应成为反对我的口实。既然宗教是为了适应有理性的人而创造出来的，那么对他们来说，举足轻重的是它的说服力而不是它的权威。一位聪明而善良的人判断一种目的是否可取，只考虑此目的自身，而根本不顾及时间、地点或人物。任何数量、榜样和利益都不能改变他坚定的判断或玷污他的正直性。在他看来，在天主教徒的无误性和被迫盲目地承认新教徒的易错的决定之间，没有什么区别。至于我自己，因为我不愿任何人用虚假或偏私的结论让我说出我从未考虑过的东西；所以我除了不愿人们说我与《圣经》或理性相矛盾以外，我并不在乎人们说我与任何其它事物相矛盾，我确信，《圣经》与理性是完全一致的。因此，我坚持《圣经》的术语，也就不是不可思议的了，因为我随时准备服从它们，并且允许全世界有反驳我的同样权利。用一些大人物的名字和华而不实的引证来反对我，并不会因此而使我丢脸，因为这些并没有什么价值，正如恶锈和颜色并不能增加古钱币的价值一样。只有上帝和受上帝启示的人才能规定关于来世的训示，而人的权力只能管理今生的事务。因此，在更具体地谈到关于下面的事项时，我并不期望这个对任何人都不宽恕的世界会给予我某种敬意，更不指望有出于奇迹的帮助者。恰恰相反，如若我所提出的理由还不够有力，我将善意地进行谦虚而恰当的批评。即使不幸我未能使别人对事物看得如同我自己所看到的那样明晰，可是，公正地说我是真想做到这点并把我认作是真理的大胆无私地讲了出来；因此，我的善良本意不再需要任何别的辩解了。

本书第一部分某些段落，即关于理性的初步论述，对于普通读者可能多少有些晦涩难懂。说真的，这些段落原来并不是为了普通读者的，它们对任何可以正确推理的读者来说，也不一定重要；但是还是把它们插进来了，是为了防止可以预见的某些人的纠缠，这些人进行研究是为了拖长并搅混争论，而不是为了结束争论；只要略加思索，这些段落就会像别的段落一样好懂。在其它每处我都竭力讲得易于了解，并且同时期望我的说明确实会启发他们自己的头脑。在许多地方我对困难的字句用更一般的和更常用的同义词作了解释性的重复。我承认,这种努力对于哲学家们是毫无裨益的,但是对于普通公众却有相当的好处,这一点我决没有忽视,不像有些人在每篇序言中都告诉我们,他们既不奉承也不关心这些人们。我奇怪,人们怎能这样地讲话,特别是那些人,他们的职责就是为了平民,以节省他们长时期艰苦学习的劳动,因为这是他们繁忙的日常事务所不允许的。俗人们出钱买书并供养教士们的生活,正是为了这个目的;但是我担心某些教士未必会相信这点,正如他们不相信官长们也是为了人民而设置的一样。

谁都不能由教士的这种职务而推论出,俗人们只是盲目地接受他们武断的指示,正如我不会使我的理性服从于我雇佣来为我读诵、抄写或收集材料的人一样。学者们尽管对制酒匠和面包师的手艺一窍不通,也不会违背自己亲自尝试的经验,而只根据制酒匠和面包师的话来确定酒和面包的香甜。再说,为什么俗人只是因为对于自己所使用的那些事物由以翻译过来的语言一无所知,他们就不能同样使自己成为那些事物真正意义的判断者呢?真理只有一个而且到处都是不变的;一个不可理解的或荒谬的命题,决不会因为它是古老的或奇异的,或者因为它最初是用拉丁文、希腊文或希伯来文写的,而就会变得更值得尊敬些。况且,用人世间的语言来说,一种只为以其为生的人所了解的神学,不过是一种商业行当;而且,我不理解那些如此深情热爱那个事物的人,何以会因为那个事物的名称而恼火呢。但是,关于这点留待适当地方再谈。

那些被人们认为不理解哲学体系的贫民,立即就了解了基督的明白而令人信服的教诲与律师们杂乱而毫无结果的演说之间的

区别。因为当时分为斯多噶学派、柏拉图学派及毕达哥拉斯学派等团体的犹太法学家们，凭借随心所欲地使用寓言，确实把《圣经》经文和他们各自大师们的粗俗思辨调和起来了。他们使那些对他们犹太神秘哲学知识一无所知的人们相信这些东西全都是深奥的神秘；就这样教导人们服从异教的礼仪，而他们自己却用他们的传统来嘲弄上帝的法则。因此，如若公正无私的公众和较为开明的统治者断然拒绝这些无聊的迷信，也是不足为怪的，尽管他们冒昧地以摩西为教父，而要追求某种由他们自己的先知们所描绘并预言、而且适合于一切人的智能的宗教。

我希望在下列论述中，不把这种情况作为任何基督徒的事例而加以引用；更不用说作为那些更纯洁更善良的基督徒的事例了。无论谁只要考虑到，有些人如何热切严苛地逼迫人们服从他们自己的典制和诫律(同时却假装看不见这些典制和诫律是与神的法则完全不相一致)，他们如何严格地下令遵守反理性的、反《圣经》的礼仪，并要人们相信对那些连他们自己也断然认为不可理解的东西的无法捉摸的说明；我以为，无论谁只要考虑到这一切，他就不能不怀疑这些人在教诲无知者或转变犯罪者的目的之外，必定还有某种自私的动机。人们竟会因为拒绝那些完全没有必要的蠢举(而且往往是取代人们所能盼望或享受的那种最神圣、最纯洁和最实用的宗教的那些蠢举)，而就要受到憎恨、蔑视和污辱，甚至有时被大慈大悲地处以火刑和打入地狱，这对那些宁要上帝的训示而不要人们的杜撰，宁走理性的平坦大道而不蹈教父们不可超越的迷宫，以及宁要真正基督教的自由而不要反基督教的专横独裁的人说来，确是一件令人惊异和悲哀的事情。

但是，教授和支持这种不公正的神秘的常用方法更加令人不能容忍。立志要做现代神学大师的人必需极其用心攻读多么浩瀚的著作？而这些著作比之《圣经》不知又要困难多少倍呢？在你能够开始了解学院的教授讲解以前，你必需耐心学习并观察多么大量杂芜的语句（无疑是神秘的），多么冗长而又不得要领的指导，多么可笑而矛盾的解释？你劳作的最后也是最容易的一步就是，在《圣经》中来发现上帝的感情，尽管神圣的笔者决没有想到这些，而你自从成为学童以来还不曾读过这本圣书呢。但是，不信任你自己的理性，盲目地尊敬前人，决心墨守你自己派别的一切解释，却能完成一切。作为你的全部立论的可靠基础，唯独相信：《圣经》的词句（尽管脱离了上下文就会变得极为含混不清）可以到处表示着任何他们能够表示的意义；而且，如果这还不够，那就相信：《圣经》每一段的真正意思就代表一切真理；这就是说，每一件事物都可以用来说明一切事物；而且，你不仅发现在《旧约全书》中包含了全部《新约全书》，在《新约》中也包含了全部《旧约》；而且，（我可以担保）这里没有任何说明，即使是多么勉强的、多么矛盾的或使人迷惑不解的说明也没有，可是，只要你认可，你就会轻而易举地作出说明。

但是，我不愿再重复这个问题，因为关于这个问题我在手边一本书信体的著作《被推翻了的神学体系》中已明确谈到。在下面的论述中，这是三部中的第一部，我证明了我的一般主题，说明《新约全书》的神圣性是当然的；因此它只直接关系着基督徒，而对其余那些请求用上述假定来衡量我的论据的人却是漠不相干的。在第二部论述中，同样关系着基督徒和其他人，我试图对福音书中著名的神秘作一番具体而合理的说明。而在第三部中，我证明了上帝启示的真实性，批驳了无神论者和启示宗教的一切论敌。

这在我看来似乎是最好的方法，因为自然界的秩序在你们的神学体系中完全被歪曲了。你们的神学体系在教授《圣经》的内容以前，就证明了权威和完满；其实权威和完满在很大程度上只是借助《圣经》的内容才能为人所知。谁如果不预先认真阅读《圣经》，何以能确信它包含着获得拯救所必需的一切东西呢？不，谁如果不是精确地研究过《圣经》，现在姑且不谈他必需采用的其它手段，他何以能作出结论说这就是《圣经》或上帝的言语呢？可是，我却谨慎地避免了这种混乱；因为我首先证明，真正的宗教必定是合乎理性的和可以了解的。其次，我表明，这些必要的条件在基督教中是找得到的。但是鉴于一位才智出众的博学者易于虚构一个清楚而一贯的体系，因此，第三点我要证明，基督教并不是按照这种模式而形成的，而是为上天所启示的。这三个论题我在许多书中都讨论过；如同我过去所谈到的，下面的论述就是其中的第一部书。

在我结束以前，我必需光顾一下那些喜爱在宗教中指名道姓的先生们：因为，在他们看来，所谓派别区分，除了许许多多异教徒、宗教分立论者或者更坏的字眼外，还能有什么呢？但是我向他们保证，我既不属于保罗、也不属于西服斯、更不属于阿波罗，而是属于主耶稣基督，只有他才是我的信仰的创造者和集大成者。我同样有权利把别人叫做某某派，正如他们毫无道理地硬加给我一个名称一样。我谈这点并不是为了提防人们以某种惯用的手段、依据在这个世道上为人们正当或不正当地憎恨的某一宗派的观点、令人可厌地把我说成是某某派。这确实是一种可悲的思虑！

但是，这种事对于一位善良的基督徒来说，本身就是不合法的——这就是我的确定判断。不论别人在这个问题上怎样看法，这是他们的自由，可是至少这一定是不怎么方便的：因为，譬如你背上个路德教徒的名字，虽然你只是在主要信条上同意你的教友的看法，可是他们的对手一定能够不失时机地利用那些你持有不同见解的其他事情来控告你；而如果你因此而宣布你的判断，那么其余的路德教徒将不仅会大为激怒，而且还会怀疑你对每件事的真诚。因此，在我看来，我将一贯承认的唯一宗教名称就是作为一个基督徒的这种最光荣的名称。

此问题的状况

1. 引起人们喋喋不休的争吵的问题，莫过于那些人们普遍声称最不了解的问题，在我们这个时代尤其如此。不难看出，我这里指的是基督教的种种神秘。神学家们的特有职责就在于向别人解释这些神秘，可是他们几乎一致公认对此一无所知。他们一本正经地告诉我们，“我们必须崇拜那些我们不能理解的东西”，然而，他们中间的某些人却以超乎寻常的自信和狂热强迫其余人类接受他们可疑的注释，仿佛我们应当承认他们是绝对无误的。最糟糕的是，他们的想法是各不相同的。如若你对这些人来说是正统的，那你对那些人来说则是异端。某人公然站在某派一方，就会被别派判定为坏蛋；如若他声明他不属于任何一派，那他无论从哪一派都得不到较温和的宣判。

2. 他们中间的一些人说，福音书中的各种神秘只应当根据古代教父们的原意加以理解。可是，教父们的原意是各种各样的，甚至是自相矛盾的，因此，要使任何人同时相信这样多的矛盾简直是不可能的。他们自己确曾告诫其读者不要依靠他们的权威而丢掉理性的证明：而且极少想到使自己的主张成为后代信仰的准则，如同我们决不想使我们的看法成为我们子孙的准则一样。再说，并非所有的教父都是著作家，所以我们也难说完全把握住了他们真正的意思。即使有些人有过著作，但这些著作也由于讹误和曲解弄得不成样子，或者是残缺不全；就算是他们的著作吧，与《圣经》相比，其含义更加晦涩难懂，争论更多。

3. 另一些人告诉我们，我们必须和教会权威宣布为正统的一些专门学者们的看法一致。可是，如同我们一点也不满足于这类性质的权威一样，我们也看不出这些专门学者们之间会比全体教父们之间更加一致；所看到的只是可悲地互相攻击对方的言行和过错：只是他们像其他人一样的缺乏头脑、粗暴放肆、好闹党争；只是他们大都在宗教上轻信迷信，以及在拘泥于文献细节上可悲地无知和肤浅。总而言之，他们有着和我们自己同样的天性和脾气；而且我们也不知道上苍会赋予他们以某种高于我们的特权，如果说有这种特权的话，那也不过是他们出生高贵罢了，而这种特权，人们大抵是不会承认的。

4. 有些人把解开基督教的种种神秘及说明《圣经》的决定权给予宗教全会；另一些人把这种决定权给予个人，此人在他们看来就是地上全权的教会首领和决断一切争端的无误的法官。但是我们认为这样的会议是不现实的，（即使可能召开了）它也不会比教父们有更大的分量；因为会议就是由这些教父和其他一些完全易于受到谬误和偏激支配的人所组成的；此外，我们也不能凭借上帝的仁慈给予我们的某种奇迹作为解决我们困难的一成不变的准则，因为这种奇迹现在除了只在古老的世俗游戏中看到之外是很难见到的。至于谈到决断一切争论的唯一法官，我们认为除了那些由于利益或教育而具有严重偏见的人之外，是不会有谁会认真考虑那些虚构的至高无上的首领和绝对无误的空话的。在《圣经》中我们决找不到基督曾委派这样的代理法官来充任他的职务的:而且理性明确地宣布这些人是无耻的篡权者。而且,对于首领的权限和会议的权限,甚至上述二者的崇尚者本人至今亦无法区别开来。

5. 有人说我们应当遵从《圣经》对这些问题的决断,这些人可说是最接近于事情的本质了;如果对这话加以正确的理解,没有什么会比这更实在的了。可是通常说来,这是一种含混不清的说法,因为持有这种说法的有许多人,而他们恰恰都想对这话有某种恰当的解释:他们或者按照某种虚假的哲学来解释《圣经》的说法,或者不论正确与否硬要使《圣经》适应于他们若干教派的庞大体系和定式。

6. 有些人总是要我们去相信字面的意思所说的,而极少甚至毫不想到理性,在他们看来,理性是不适用于宗教的启示部分。另一些人断言,我们可以把理性用作工具,而不是作为我们信仰的准则。前者争辩说,某种神秘可能是或者至少似乎是与理性相反的,然而却为信仰所接受。后者认为,任何神秘都不违背理性,但是一切神秘都超越理性。二者从不同的原则出发,但却是殊途同归,即认为《新约全书》的一些教义与其说属于理性研究的范围,还不如证明它们是属于神的启示的范围,因此恰当地说来,它们仍然还是各种神秘。

7. 相反,我们主张理性是一切确实性的唯一基础;并且主张任何启示的东西,不论就其方式或存在而言,都和日常的自然现象一样,不能摆脱理性对它的探究;因此,我们还要坚持本书标题已经指明的观点:福音书中没有任何违背理性或超越理性的东西;而且,恰当地说来,任何基督教教义都不能叫做某种神秘。

第一部　论理性

1. 关于这个问题的状况既已如此明确地提出来了，我们下一步的任务就是要对此加以证明。但是，如同在讨论一切有争议的问题时对于所使用的术语作一番简明的解释是必不可少的一样，因此，一种方便而自然的方法不仅是有益的而且是有趣的。值得庆幸的是，关于当下问题所使用的术语已经按照我意欲讨论的顺序安排好了，这就是，首先要说明理性及其性质究竟是什么意思；其次是，证明在福音书中没有任何违背理性的教义；最后是，证明其中也没有任何超越理性的东西；结论是，没有任何神秘的东西。

第一章　哪些不应称做理性？

2. 就从第一点开始罢。使我觉得颇为奇异的是，人们竟需要有那些借以规定和解释其它一切事物的定义和说明；否则，他们就不能对他们都自认为已经把握住的东西，至少在一定程度上已经把握住的东西，取得一致的看法；而这就是人们所要求高于禽兽和无生物的唯一特权。但是，我们根据经验发现，即使一切不迷恋于标新立异或爱好争辩的人在根本上会对理性本身有一致看法，而理性这个词却像其它的词一样变得含混不清了；因此，我在此要尽量简洁地研究一下这个问题。

3. 那些把抽象地加以思考的心灵称做理性的人是错误的;因为正如黄金的一般概念并非就是一个几尼[1],只有一块具有一种特殊印记和价值的钱币才是一个几尼一样;所以只有在某种特定方式下活动的心灵才能叫做理性。那些认为理性就是一切事物之间所固有的秩序及其说明的人也是错误的;因为能够恰当地获得理性这个名称的并非这点,而是心灵据此所形成的关于事物的思想。那些把他们自己的倾向或他人的权威称为理性的人,也不会有什么助益。由下面的考察,将会更好地看出理性究竟是什么。

4. 每一个人都经验到他自身有一种对事物形成各种观念或知觉的力量或能力,并根据他亲自看到这些观念或知觉一致或不一致而肯定或否定它们的力量或能力,因此就有爱好和渴望看来对他有利的东西,厌恶和避免在他看来不利的东西的力量或能力。正确地使用这一切能力即是我们所谓的常识或一般理性。但是这种接受观念进入人心的单纯活动,不论是借助感官的作用,诸如颜色、形状、声音、气味等,还是借助心灵思考它自己对于它从外界接受来的东西的活动,诸如认识、怀疑、肯定、否定等,我认为,严格地说来,这种接受这些观念进入人心的单纯活动并非理性,因为心灵在这里是纯粹被动的。当一个确定的对象顺利地呈现给眼、耳或任何其他正常的感官时,就必然在人心中形成不可避免的印象,同时人心也必然会意识到自身的活动;因此就形成了诸如知觉、意欲、否定、不作判断等活动。

① 几尼:英国过去使用的一种金币。——译者

第二章 理性究竟在哪里

5. 但是这些以这种方式贮存在巨大的知性仓库中的简单的和清楚的观念，就是我们一切推理活动的唯一根据和基础；因为心灵视情况允许与否，随时将这些观念放在一起加以比较，把它们组合成复杂的观念、扩大它们、结合或分离它们。所以，所有我们的全部认识，实际上，只不过是对我们的观念的或多或少的一致或不一致（而不论这种一致或不一致究竟在哪里）的知觉。又因为这种知觉是直接的或间接的，就使得我们的认识是两重性的。

6. 第一，当人心无需借助于任何其他观念就直接知觉到两个或更多的观念的一致或不一致，例如，2＋2 等于 4，红色并不等于开花；这不能叫做理性，虽然这具有最高度的证据；因为这里无需论述或验证，自明排除了一切怀疑和含混。这些自身如此明白、对其表述立即会为人们所了解的命题，通常称之为公理和定理。显然，这些公理或定理的数目是不确定的，而且不只限于根据若干特例的观察而做出的两三个抽象的命题。

7. 第二，当人心不能直接知觉到任何观念的一致或不一致，这是由于这些观念离得太远，这时为了要比较这些观念，人心就要借助一个或多个中间的观念来发现其一致或不一致；例如我借用同一根绳子去连续测量两座离得很远的房屋，我就会看到二者的长度一致或不一致到底达到怎样的程度，而这点光靠我的肉眼是做不到的。因此，从空气有压力，以及房屋内充满了空气，我就会知道空气具有填充性和广延性；更由此知道，空气与木头或石头由

于在上述性质上是相一致的，因此二者是同样的一种物体（虽然我未能亲眼看到空气）。这种认识方法可以恰当地叫做理性或证明（正像前一种方法叫做自明或直觉一样）；可以这样来给理性下定义：即心灵借助将其与某种明显已知的事物相比较的方法来发现任何可疑或不明的事物的确定性的那种能力。

8. 从这个定义可以清楚看出，如果中间的观念与当下的两个观念的一致不明显的话，此中间观念是决不能当作证据的；还可以看出，如果为了证明这种一致性需要有不止一个的中间观念，那么每一个中间观念都必需要有与上述两个观念一致的同样明显性。这是因为，如果一个证明的各个部分之间的联结不是确定无疑的话，我们就决不能确信我们借以联结两端的推理或结论：因此，虽然自明排除理性，可是一切证明最终都会成为自明的。更清楚的是，当我们尚未对某一事物形成意念（notion）或观念（idea）时，我们根本无法对它推理；如果我们形成了观念，可是中间的观念没有向我们表明它们之间的经常的和必然的一致或不一致，那我们就决不可能超出或然性的范围。除了理性的这些性质以外，我们还要非常细心地将理性中的告知方法与信服的根据区别开来；因为对这种易于看出的区别的忽略已经把人类带进无限的谬误之中，在我结束此书以前我将会证明这点。

第三章　论告知的方法

9. 所谓告知的方法我是指的那些途径，任何事物借助它们就可径直达到我们的认识，而无需得到我们的赞同。所谓信服的根据，我把它了解为我们借以判断一切真理的、而必然会使人心信服的准则。告知的方法就是经验和权威：经验（可参见第 4 节）或是外在的，它给我们提供感性对象的观念；或是内在的，它帮助我们达到关于我们自己心灵活动的观念。这就是我们一切认识的共同原料，以另外的途径若不借助新的感官或能力，我们就不可能获得任何观念。

10. 权威（这种叫法似乎有些滥用词句，仿佛它的一切告知未经任何考察就要人们接受似的）或是人的，或是神的：人的权威也叫做道德的确实性；例如，我相信我的朋友提出来的一个易于了解的说法，这是因为我没有理由怀疑他的真实性，而他也没有任何必要来欺骗我。因此，一切可能的事实，如果被当时的人恰当地证实为他们所知，又不断地被不同时代、不同民族、不同利益的别一些人所谈到，而这些人本身既不能被认为都受了骗，也没有正当的理由怀疑他们又联合起来欺骗别人，那么这一切事实就应当为我们所接受，认作是确定无疑的，如同我们亲眼看到或我们亲耳听到的一样。正是依靠这种方法，我才相信，曾经有过迦太基这样一座城市，路德这样一位宗教改革家，而且相信现在有波兰这样一个王国。

11. 上帝的权威或神的启示就是真理借助自身向它所不可能欺骗的人展示出来：关于这点在本书第二部分第二章中会详细谈到。自然界中的任何事物只有通过下列四种方法之一才能进入我们的认识领域，这四种方法就是：感觉的经验、人心的经验、人的和神的启示。

第四章　论信服的根据

12. 目前，由于我们极易受到欺骗，若没有某种正确无误的准则作为指导，我们常常会把某个可疑的命题当作一个公理，会把无稽的传说当作**道德的确实性**，会把人间的谎言当作**神的启示**。这种正确无误的准则，或叫做正确信服的根据，即是证据；所谓证据，就在于**我们的观念或思想与其对象或我们思想着的事物完全符合**。因为在我们心中只有观念而非物自身，所以我们必须借助观念或思想才能形成对物的判断。

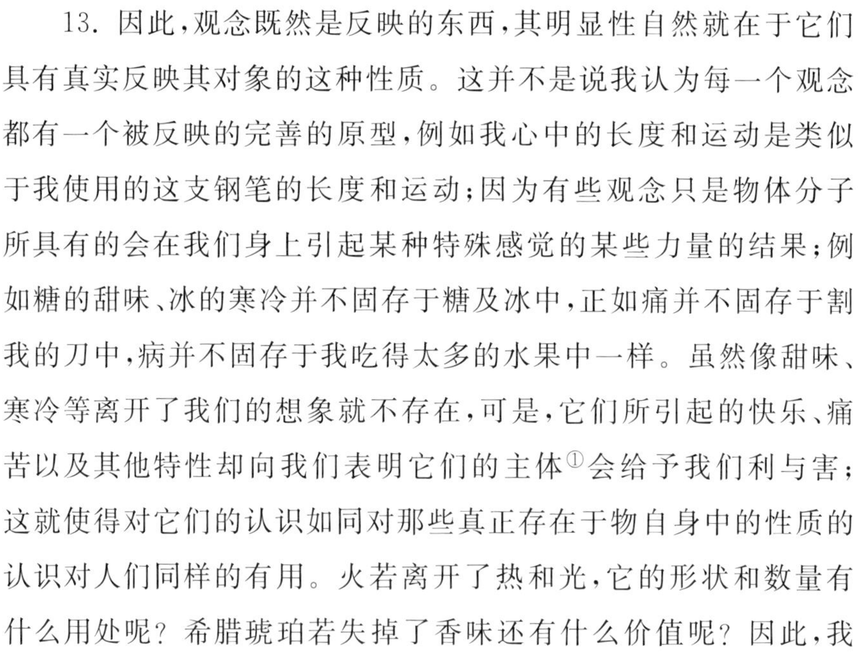

13. 因此，观念既然是反映的东西，其明显性自然就在于它们具有真实反映其对象的这种性质。这并不是说我认为每一个观念都有一个被反映的完善的原型，例如我心中的长度和运动是类似于我使用的这支钢笔的长度和运动；因为有些观念只是物体分子所具有的会在我们身上引起某种特殊感觉的某些力量的结果；例如糖的甜味、冰的寒冷并不固存于糖及冰中，正如痛并不固存于割我的刀中，病并不固存于我吃得太多的水果中一样。虽然像甜味、寒冷等离开了我们的想象就不存在，可是，它们所引起的快乐、痛苦以及其他特性却向我们表明它们的主体[①]会给予我们利与害；这就使得对它们的认识如同对那些真正存在于物自身中的性质的认识对人们同样的有用。火若离开了热和光，它的形状和数量有什么用处呢？希腊琥珀若失掉了香味还有什么价值呢？因此，我

① 指糖或冰等。——译者

之所以相信一朵玫瑰花的观念是明显的，其理由就在它给我以那朵花的真实的反映。我之所以知道它是真的，这是因为这朵玫瑰花一定包含其观念所揭示出来的一切性质，这些性质或是真实地(really)被揭示出来，诸如大小、形状，或是偶尔地(occasionally)被揭示出来，诸如颜色、滋味和气味。而且，我不能怀疑这点，因为性质必然属于原本因，或什么也不是，或是我们自己头脑的虚构；但是，无不能有性质；而且我不能随意形成任何一个观念，也不能在对象作用于我的感官时不接受一些观念；因此，我的结论是，这朵玫瑰花的性质并非我的幻想的产物，而属于原本因即对象。

14. 关于人心活动的观念的证据如同关于我们自身存在的证据一样是不会有错的；而且，如果我们不可能硬把后者说成是可疑的，这也只是给我们提供了关于这点的更大的可靠性：因为在“我怀疑我是否存在”这个命题中除了关于我自身的存在是不可避免的假设之外；还可以清楚看到，怀疑的主体一定和肯定的主体一样是一个确定的某物，这个某物我称之为我自身。让我们现在在纯粹想象的事物中对我们观念的全部一致和不一致严格要求这种证据吧，也尽我们所能的在共同实践的事物中要求这种证据吧(因为在这里有时必然要求或然性来补充证明的不足)；这样，我们就可以避免不动脑筋地依赖权威或怀疑论式的无限前进，而去成功地追求真理，使它从掩身于其中的地下洞穴中解放出，重见光明。只要我们以证据作为我们的指导，我们就不会犯错误；只有当我们滥用自由而离开它的时候，否认任何属于它的东西或硬把我们在其观念中没有亲眼看到的东西归之于它的时候，我们才会犯错误。而这就是我们一切错误的最初的和普遍的根源。

15. 但是，智慧的万有创造者——上帝（人们总是怀着崇敬的心情称呼他并想到他）使我们能够知觉事物并形成对事物的判断，也赋予我们以不对任何不确定的东西作出判断的力量，以及除了清楚的知觉外，决不同意任何其它知觉的力量。他远远没有将我们放在必然要犯错误的位置上，他一方面给予我们一种防止偏见或急躁的能力，使我们的自由只限于那种无可无不可的，或犹豫不定、暧昧不明的东西身上；另一方面他又提供给我们辨别和拥护真理的能力，要从我们身上完全去掉那种不赞同任何明显的命题的力量。我们绝对相信，说同一个事物同时既存在又不存在是决不可能的；整个世界也无法说服我们去怀疑这点。但是，在我们得到证明以前，我们也无需承认自然界没有虚空，或地球会离开围绕太阳旋转的一年一度的轨道。

16. 因此，还是让我们将我们虚假的观念归罪于我们自己的偏见和怠慢吧：让我们承认，"我们的毁灭是由于我们自己"[①]吧；让我们愉快地感谢我们仁慈的主呀，是他使我们在证据的光辉和威风面前屈膝。而且，说真的，如果我们会怀疑任何清楚的东西，或被明白的观念所欺骗，那么就不可能有任何确定的东西：不论良心、不论上帝本身都不会受到保护；任何社会或政府也不可能维持下去。

17. 如果人们问到，对于真命题的赞同被否定，这是因为证据必然要求这样吗？我的回答是，这是因为这些命题的构成还不够明白：因为明晰和含糊是相对的词，在我看来是其中之一，在别人

① 《彼得后书》2.1。

看来就可能完全相反。如果表述事情所使用的词不为听者所了解，或者与他早已十分清楚的或他现在认为清楚的其他说法不相一致，他就无法设想这些事情。同样地，如果某人没有亲眼观察到自然的秩序及其应有的单纯性，他就无法知道它们分明是正确的或是虚假的；因此也就无法做出自己的判断（如果他不想装模作样的话），有可能另一个人在这种情况下却以此自满自足呢。因此，事情的真相却在于，我们常常怀着愤怒和困惑的心情将我们自己混乱推理的结果归罪于别人的愚蠢和顽固，其实这种结果正是由于我们没有对自己的思想进行彻底的分类，或是由于我们使用了含混不清的词句，使用了别人完全无法了解的或迥然与众不同的词句而造成的。

第二部　论福音书的教义并不违背理性

1. 关于理性已经谈得够多了，现在没有必要再浪费笔墨来说明违背理性的究竟是什么了；因为从第一部很容易理解到，凡是明显地与清楚明白的观念或与我们共同的观念相矛盾的东西就是违背理性的。因此，我现在要进一步证明，福音书的教义，如果真是上帝的言语，就不可能违背理性。但是，如果人们反驳说，仍有极少数人坚持福音书的教义与理性相违背；我回答说，我所认识的现在的基督徒，（我们用不着麻烦已故的人了）没有谁会明确表示理性和福音书是相互矛盾的。这样，问题又回到同一点上来了，许多人肯定，虽然福音书的教义本身不能与理性的原则相矛盾，因为二者都是来自上帝的；可是，按照我们对二者的看法，二者可能似乎又是直接相冲突的：再说虽然我们根据人们不可靠的而且有限的知性并不能调和二者；可是，依靠神的启示的权威，我们又必得相信并默认二者；或者像教父们教导人们所说的那样，“崇拜我们不理解的东西”。

第一章　承认宗教具有任何真实的或表面的矛盾的荒谬性及其种种后果

2. 这个著名而美妙的说法[①]就是基督徒们认真吐露出来的一切荒谬的真正根源。要是没有这种口实的话，我们决不会听到变体论[②]以及罗马教会的其它一些可笑的传说；也不会听到任何东方的糟粕，这些东西几乎完全吸收到西方的沉沦中来；我们也决不会受到路德教派关于基督的肉体和血液体现在圣饼和酒中的说法或耶稣无所不在说的嘲弄，这后一种说法是由前一种说法产生出来的，正如一个怪物通常产生另一个怪物一样。尽管索西尼派[③]教徒并不承认这种做法，如若假定他们或者阿里乌派[④]教徒会对一位崇高的、创造万物的、可能受到人们像神一样崇拜的上帝形成某些看法，这准是错误的，可是这与其他的教派奢想研究三位一体的题目相比，还显得似乎更加合理些。

3. 总之，当某些人无法解释《圣经》中任何段落时，这个说法

① 即指上节所说的“崇拜我们不理解的东西”的这一说法。——译者

② 即天主教神学关于圣饼和酒的本体转变成为耶稣的肉和血的说法。——译者

③ 索西尼派，十六世纪意大利人索西尼斯（1525—1562）所创立的基督教中的一个神学派别。反对正统教会的三位一体教义和关于基督具有神性的说法。——译者

④ 阿里乌派，三世纪末至四世纪初由亚历山大城教士阿里乌创立的基督教中的一派。反对三位一体教义，主张基督是人，不是神，是由上帝所造，其品级低于上帝。——译者

就成了他们公认的避难所。他们为避免自己的实际中表现出来的要比人们心目中想象的更加无知，因而不惜把自己不准确的推论、笨拙的语言、对历史的无知的结果说成是全能上帝的秘密忠告或事物的本性。但是，更常见的是，这正是人们早年印象所造成的恶果，而后来人们却很少敢于根据更加自由、更加成熟的思想对这些印象加以纠正："想要做法师，却不明白自己所讲说的、所论定的"，[1]"他们将人们的戒律当作教义强加于我们"。[2] 他们大概真是这样；因为我们一旦承认了这个原则，我就无法知道人们怎能否认那种据说是以主的名义告诫我们的东西。关于上面谈到的这种说法，我还必需再加评论，这种说法确实与我们俗人很有关系；因为，这种说法的提出虽然并非教士们的功劳（那些确实在提出此说法中起过作用的人除外），那是由于他们缺乏头脑，可是，他们却大大利用了这种说法作为说教的材料，不仅把世界上最清楚的东西而且把最平凡的东西变得神秘的了，因而我们为了解释事物就必得经常依赖他们。尽管如此，他们在解释这些神秘东西的时候（假定他们能够解释）也必然会同时破坏了他们自己的计划，希望他们还是不要这么认真地自以为得计于这种说法吧。然而，还是让我们暂将这儿的观察搁在一边，而直接考查观点本身吧。

4. 我要坚持的第一桩事就是，如果《新约全书》的任何一条教义违反理性，那么我们就不会对它形成任何观念。例如，说"一只球同时既是白的又是黑的，"就恰恰等于什么也没有说；因为这两

① 《提摩太前书》1.7。

② 《马太福音》15.9。

种颜色在同一个物体身上是绝不相容的，因此要形成一个确切肯定的观念或概念是根本不可能的。照这样说来，例如，天主教徒说，“在洗礼以前死掉的孩子受罚进入地狱而无痛苦”，这话毫无意义：因为，如果这些孩子是另一个世界里的有理智的生物，他们永远见不到上帝的存在，永远见不到幸福的王国，必然处于不可名状的痛苦之中：反过来说，如果这些孩子被认作是没有知性的，那么他们也就不可能有永远受罚的意识；这样，这些天主教徒就不应说这些孩子是在地狱里；而只应说这些孩子或者没有灵魂，或者被灭绝了；这样说法（如果这是对的，而这决不是这些天主教徒所能表明的）会更合理些而且便于设想。既然我们对一个事物没有任何观念，还为这些事而烦恼，也就只能是白费力气了：因为，我所无法设想的东西不可能给我提供关于上帝的正确观念或影响我的行为，这正如以我所不懂的语言祈祷不可能激发我的虔诚一样：“若吹不定的号声，谁能预备打仗呢？舌头若不说容易明白的话，怎么能知道所说的是什么呢？”[①]音节纵然联结得如此巧妙，如果它们不具有某种意思，也只是“向空说话”罢了；[②]而不能成为“合理的献身”[③]或崇拜的根据。

5. 如果有谁想逃脱这种困难，而说什么某些教义的观念也许确实是与一般见解矛盾的，可是它们自身却是完全一致的，而且我也不晓得有什么超理智的真理，那么他还只是在原地踏步不前。

① 《哥林多前书》14.8、9。

② 同上 14.9。

③ 《罗马书》12.1。

即使假定事情果然如此，其结果仍然是这样：没有人能懂得这些教义，除非这些教义的观念通过一种特殊的方式，例如借助某种新的能力或器官传达给他。可见，某人向对方讲的话，只有当对方完全了解的时候，才能起到教益的作用。因此，如果我去向印第安土人传布福音，我必定希望我讲话的意思会（虽然我不知道怎样才会）注入他们的心灵，从而了解我的意思：而根据刚刚提到的这种假说，他们是不会了解我讲的话，正如不会了解鸟语一样，否则倒是一件怪事了；“如若他们不明白我的声音的意思，他们必以我为未开化的人”，[1]虽然“我在心灵里却是讲说各样的神秘”。[2] 但是，他们所说的自身一致而与我们的一般见解不一致到底是什么意思呢？“四”在天国里也许可以叫做“五”；但所改变的只是名称，事情本身仍然未变。而且既然我们今生除非借助我们的一般见解，否则决不能认识任何事情，我们怎么能相信我们面前表面矛盾之间的这种假定的一致性以及来世的神学呢？因为，正如我们依靠理性才知道了上帝自身存在的确实性一样，我们要领悟其启示，也只能依靠这些启示与我们对上帝本能的眷恋相符合，而这种符合，不论怎么说都和我们的一般见解不相矛盾的。

6. 我要评论的第二桩事是，有些人纵使发现了在《圣经》中包含着矛盾，还是坚持说他们不能相信与理性有明显的矛盾，正是他们为一切荒谬加以辩解；并且借口各种意见相互反对，从而无可否认地把上帝说成是一切不确定性的创造者。正是如下的假定，即

---

① 《哥林多前书》14.11。

② 同上 14.2。

理性支配一方，圣灵支配另一方，将我们投入不可避免的怀疑论中去；因为我们将永远无法确定遵循什么，而且我们也决无法确知某物究竟是什么。因为《圣经》的神圣性的证明依赖于理性，如果《圣经》的明晰启示竟然是矛盾的，那么我们何以能够相信理性是绝对无误的呢？理性可能在这一点上出错，正如可能在任何其他事情上出错一样；我们没有某种特许说它不会出错，正如天主教徒决不能说他们的感觉在任何事情上如像在变体论上都不会欺骗他们一样。要说《圣经》的神圣性会成为自身的证明人，这同样也可用来为《可兰经》或《古兰经》的确立找到证据。这里使用了一种有名的论证：告诉一个异教徒说，教会已经宣布了《圣经》的神圣性，而在一切教派都千方百计美化自己的时候，如果将他们自己的说法就当作是证明的话，只能如此。此外，很可能这个异教徒会问教会从哪里得到权利来决定这个问题的？如果回答说是从《圣经》得到这种决定权的，那么准保这位异教徒会以这种循环证法作为自己消遣解闷的游戏。你必需相信《圣经》是神圣的，因为教会已经这样决定下来了，而教会之所以有这种决定权又是来自《圣经》。值得怀疑的是，教会的这种决定权是否能够根据人们为了这个目的而引用的《圣经》上的某些段落来加以证明；只有教会自己（作为当事人）肯定了这点。啊呀！这些永无休止的循环论证不正是使那些缺乏思想、意志薄弱的人眼花缭乱、思想混乱的巧妙发明吗？

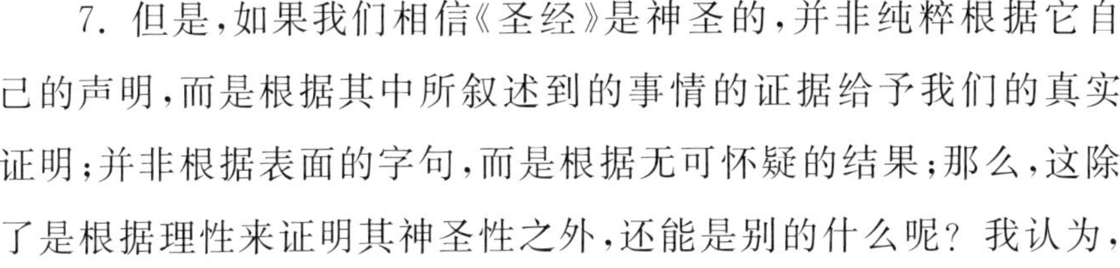

7. 但是，如果我们相信《圣经》是神圣的，并非纯粹根据它自己的声明，而是根据其中所叙述到的事情的证据给予我们的真实证明；并非根据表面的字句，而是根据无可怀疑的结果；那么，这除了是根据理性来证明其神圣性之外，还能是别的什么呢？我认为，

《圣经》自身中就存在着神圣性的最鲜明的品格;但是,却是靠理性来发现它们,检验它们,并且根据理性的原则来赞成它们和宣布它们是有根据的;这样做,就会合乎规则地在我们心中引起一种对信仰或信服的默认。既然如此,我们却要把力气花费在研究事情的细节,不仅思考基督及其使徒的教义,还要了解他们的生平、预言、奇迹以及死亡,这未免是白费劲了,而这也未必真能使我们摆脱矛盾。啊!〔诉诸于理性——译者加〕是多么幸运的和方便的体系,有了它一下子就可以省掉多少麻烦的评论,例如对历史、语言、比喻的和字面的意思、作者的观点、环境以及种种解说的评论!我们判断一个人的智慧及其学识是根据他的行动及其论说;我们确信上帝,"为自己未尝不显出证据来"[①],如若我们仍用与人相同的标准来判断他,那他就决没有什么高于狂热信徒或者魔王的特权了。

8. 但是人们将以尊重上帝的言语作为借口:这一点我们是高兴的,因为我们晓得"神非人,必不致说谎"。[②] 可是问题不在于字句,而在于其真实的意思,这意思必然总是代表着作者的思想,因而符合他全部讲话以及必要时所作的比喻式的说明的精神。否则,在信仰上帝的言语的借口下,根据《圣经》的个别字句很可能推导出极大的荒唐及亵渎神明的说法来;例如认为上帝屈从于情欲,是罪恶的创始人,认为基督是一个祸根,过去他事实上就犯有并沾染过我们同样的罪过,认为我们是蛆虫或绵羊而不是人。既然可

① 《使徒行转》14.17。

② 《民数记》23.19。

以从某些段落作出这样的推测，试问，当着人们有某种需要时，为什么不可以从与此同样性质的一切表述中作出同样的推测呢？

9. 人们也许要问，现在已经公认没有人急于认为《圣经》与理性是矛盾的了，为什么我还要唠叨不休地谈论这个问题呢。可是，就在这里，还有这样一些人，他们坚持《圣经》与理性可能似乎是直接相冲突的；而且认为，虽然我们不能将二者调和在一起，可是我们必得默认《圣经》的决定权。在我们看来，一种表面的矛盾与一种真实的矛盾是一样的；我们尊重《圣经》并不因此而要求我们承认在其中有任何这样的矛盾，而当发生困难的时候，宁可说，我们不知道其真实的意义；因而对此暂不做判断，直到借助适当的帮助和努力使我们发现了真理。至于谈到默认某人所不了解的东西，或无法与他的理性相一致的东西，这些人最多只能认识运用这种东西而产生的结果。在我看来，我根本不知道这种东西，而且完全不能同意这样的一种原则。相反，我颇为相信，不了解事物本性却又要假装相信对此事物判断的人，一定是枉费心机。某人之所以会对他根本不知道的东西给予口头上的承认，是出自畏惧、迷信、冷漠、利益以及诸如虚弱、偏私的动机：可是只要他所设想的并非他所相信的东西，他就不能真诚地默认它，因而仍然得不到真正的满足。他会由于顾虑未曾为自己的盲目信仰所感动而处于经常困惑之中；因而随时都会“被异教之风所动摇”，从而“依随其教义”。[①] 他的最高辩解不过如此：我要信仰，因为我愿意信仰，这就是说，我之所以要这么做是因为兴致所在。上述的这类人就是缺

① 《以弗所书》4.14。

乏理性的人，“根据自己虚幻的心灵行事，使自己的知性昏昧，与上帝所赐的生命隔绝，都是由于自己心灵的无知、内心的冷酷。”[1]但是，理解某一事物的人定会确信这一事物，仿佛他自己就是它的制作人一样。他决不会怀疑自己的宣言；如果他是诚实的话，他总会把此事物切贴地告诉给别人。

10. 上述的必然结论就是，没有合理的证据、没有明白的一致性就相信《圣经》的神圣性或其中任何一段的意思，这就是一种应受谴责的轻率，就是一种鲁莽的看法，其根源通常说来是由于某种无知和任性的性格；但是更普遍地说来，却是出于某种利益的考虑。因为经常的是，我们信奉某些教义并非根据其中使人信服的证据，而是由于这些教义比真理更适应我们的需要；而与真理相矛盾的东西，我们又舍不得放弃，这是由于它们以各种手段受到了比真理更好的保护。

第二章　论启示的权威，就其有关此争论而言

11. 为了反对我们在这一部中所谈的全部内容，人们特意引用了启示的权威，仿佛若不要求理性沉默或熄灭，它便完全无用武之地。但是，如果把我在前一部的第 9 节中所做的区别好好考虑一下，目前这种反驳的弱点马上就会显露出来，而且此后对此争论也就更好理解了。在那里我曾谈到启示并不是一种赞成的必要动

① 《以弗所书》4.17、18。

力,而是一种告知的方法。我们不应当把我们借以达到认识某物的方法和我们必得相信此物的根据混淆起来。某人可以告诉我许多前所未闻的事物,对于这些事物,如果不告诉我,我是同样无法想到的;可是仅仅根据某人讲的,而没有事物自身的证据,我是不会相信任何事物的。真正使我信服的根据并不在于讲话人的纯粹的权威,而在于我对他所讲的形成了清楚的观念。

12. 如果世上最诚实的人向我保证,说他看到一根没有两端的木棍,我既不愿也不能相信他;因为这种说法清清楚楚是与一根木棍的观念相矛盾的。但是,如果他告诉我,他看到一根木棍偶尔插进土里,过后果真发了芽长了枝,我可以很容易地信赖他说的是真话;因为这说法决不与一根棍的观念相矛盾,也不超越其可能性。

13. 我说的是可能性;因为全能自身也不能做得更多。要求承认有矛盾的事物的人是自欺欺人,他们说,因为上帝能做一切,而肯定与此相反的说法就是限制他的能力。很好!我们全心全意地相信上帝能做一切:但是认为纯然的无会成为上帝(即前引全能自身)能力的对象,这种说法我们简直无法加以设想。而任何矛盾(即不可能性的同义语)就是纯粹的无,这一点我们已经充分地证明过了。例如,说某物展延了同时又没有展延,是圆的同时又是方的,就等于什么也没有说;因为这些观念是誓不两立的,不能同时并存于同一个主体之中。但是当我们清楚地知觉到任何一个命题各项之间的一种完全的一致和关系时,我们于是作出结论认为这个命题是可能的,因为是可以理解的:按照同样道理,我理解上帝可以将一直到现在还是流体的东西立刻转变为固体;使现存的东西不再存在；并且召来那些不存在的东西，仿佛它们存在过。当着我们说对上帝来说没有什么不可能的，或说他能做到一切的时候，我们是意味着任何自身是可能的东西，不论它如何高出于上帝创造出来的东西的力量。

14. 既然事实的本性是这样，那么虽然它可以设想为完全可能的，可是只有那自身就是此事实制作者的人，或借助某些告知方法首先确知此事实的人才能确定地宣布此事实的存在。说有这么一个叫做牙买加的岛屿，没有一个欧洲人可以合理地否认这点：可是说它恰恰位于这样的纬度，有那样一些河流，覆盖有这些森林，生长着这种谷物，种植着那种植物，在美洲发现以前，没有一个英国人能够确实地肯定这点。

15. 因此，上帝乐意在《圣经》中向我们揭示若干奇异的既成事实，例如创世说、末日审判以及其他许多重要的真理，任何人独自是不可能想象这些东西的，正如我的同胞没有一个人能够确知我个人的思想一样："因为除了在人里头的灵谁知道人的事？像这一样，除了上帝的灵，甚至没有人知道上帝的事。"[①]"但是正如神秘的事属于主一样，那些揭示出来的事属于我们和我们的子孙。"[②]可是，如我们在前面讲过的，我们不接受这些事仅仅因为它们是揭示出来的：因为对于启示除了要求在一切必要情况下有无误的证明外，我们必需要在其主体中看到神的智慧和健全理性的无可争辩的品格；这些就是我们必需用来区别上帝的神谕和意志

① 《哥林多前书》2.11。

② 《申命记》29.29。

与人的欺诈和传统的唯一标志。

16. 无论谁揭示任何事情，这就是说无论谁要告诉我们一些我们以前所不知道的事情，他讲的话必需是可以了解的，而且事情必需是可能的。只要这个规则得到了遵守，就让上帝或人成为启示者吧。如果我们把那要求我们肯定显然不可相信的东西的人看作是一个傻瓜的话，那么我们怎么敢于亵渎神明地把我们中间某人所具的某种公认的缺陷归之于最完善的上帝呢？至于不可了解的关系，我们不能根据上帝的启示就相信它们，正如不能根据人的启示就相信它们一样；因为事物的可以设想的观念才是相信、否定、赞同以及知性的任何一种活动的唯一主题：因此上帝或人所揭示的一切事情必需同时是可了解的又是可能的；就这点而言，两种启示是一致的。但是在下面那一点上，二者又不同了，虽然人的启示应该是如此地有效，可是在关于事物的真理问题上人可能欺骗我：然而，凡是上帝乐意揭示给我的不仅对我的理性是清楚的（没有这点，上帝的启示就不可能使我变得更加聪明），而且同样总是真的。例如，某人告知我说他发现了一个宝贝：这是清楚的而且可能的，但是他也很可能是骗我的。上帝向我保证说他已经创造了地球上的人：这不仅对于上帝是可能的，而且对我也是很可了解的；但是这件事也是完全确定的，上帝不可能像人那样骗我。我们于是盼望从上帝那里会得到从人那里同样程度的清晰，虽然从前者会比从后者得到更大的确定性。

17. 理性使人信服这点，《圣经》明确地将这点说出。如若有

那些“先知或梦者”，[①]到处去引诱人们脱离对一神的崇拜而走向多神教[②]，就用石头将他们打死，虽然他们借“神迹奇事”来巩固他们的教义。再说“虽然某先知托主的名义来讲话，可是如若他所预言的事并不灵验”，这就会成为一个合理的神迹，表明“那先知只是擅自说的，并非上帝的吩咐”。[③] 先知耶利米在狱中得到了启示，说他叔叔的儿子要将他那块地卖给他，“但是他并没有断定这是主的话，直到他的堂弟果真来了与他交涉这事”。[④] 圣母玛利亚虽然是女性（而女性是最缺乏抵制阿谀和迷信力量的），也没有盲目地相信“她会生一个孩儿，这孩儿要被称作至高者之子和没有穷尽的天国之子”[⑤]，直到天使对她所能做出的最强有力的反驳一个满意的回答以后；到这时她也没有断定（她是如此不同于她现今的崇拜者们）这件事必不可避免地定会产生；只是谦虚地承认这种可能性以及她自己的不配，她静静地盼望着并期待着这件事[⑥]。

18.《圣经》中有多少地方劝告我们“要提防假先知和说教者、诱惑者和骗子手”啊？我们不仅“要证明或试验一切事物”，“紧紧把握住最好的东西”，而且也要“试验那些灵是否出自于上帝”。[⑦] 但是，我们将如何试验呢？我们将如何鉴别呢？并非“当作没有知

① 《申命记》13.1、2、3。

② 贡奉多神。

③ 《申命记》18.21、22。

④ 《耶利米书》32.7、8。

⑤ 《路加福音》1.34、35。

⑥ 《路加福音》1.38。

⑦ 《马太福音》7.14，《提摩太后书》3.13，《提多书》1.10，《帖撒罗尼迦前书》5.21，《约翰一书》4.1。

性的马和骡子”，而是“当作慎重的和有智慧的人来判断人们说过的话”。[①] 总之，从前相信上帝的人们是根据对事与物的清楚的和有力的理由，而不是根据盲从才信奉了上帝的启示，我们也应根据同样的道理将上帝的启示从他们手里接受过来。我还注意到有些人吹嘘自己是靠着圣灵启发而灵验的作用才强烈地信服了，并吹嘘说他们没有也不认可用任何别的理由来说明他们的信仰！但是我们留待适当的地方再去揭露他们吧；因为一个对手不论如何荒谬或微不足道，都不应该被一位真诚热爱人类和真理的人搁置一旁不予理睬。截至目前关于启示的看法就是如此；仅在使启示成为一种告知方法这点上，我同意保罗自己的看法，他告诉哥林多人说，“除了用启示、或知识、或预言、或道理向你们讲解，我不可能对你们有什么帮助。”[②]

第三章　论基督教意想成为一种合理的和可以了解的宗教；根据《新约全书》的奇迹、方法及风格加以证明

19. 关于我们前面对理性所谈到的以及现在对启示所谈到的作一番恰当的估量，就可看到，《新约全书》（如果它的确是神圣的）的一切教义和训示最终必定是与自然理性并与我们自己普通观念

① 《诗篇》32.9，《以弗所书》5.15，《哥林多前书》10.15。

② 《哥林多前书》14.6。

一致的。这点，每一个有心的好心人只要对新约做过一番细心的研究都会看到：无论谁只要从事这项任务，就会承认福音书“并非对我们隐而不见，并非远在天边，而是近在眼前，就在我们口中，就在我们心中”。[①] 它提供了包含着极为精密而清晰的推理的最明显的例证；我们在解释其中各种神秘时有义务证明这点。而且，虽然基督的教义的证据可能要求异教徒的承认，并要求与《旧约全书》的神迹预言相一致，与弥赛亚（即救世主）本人的一切标志相一致，这样恰恰就可能得不到自己同胞的赞成；可是，毋庸置疑的是，基督借助甚至固执的犹太人自己都无法否认其神圣的那些业绩和奇迹证明了他的权威和福音。尼可底母向他说，“除非上帝与他同在，没有人能行你所行的奇迹”。法利赛人中的一些人承认“没有一个罪人能行这些奇迹”。而且另一些人承认“这些奇迹超过了魔鬼的力量”。[②]

20. 基督自己直接诉诸于那些认为他说了僭妄的话而准备用石头来打他的仇敌，基督说，“如果我所做的不是我父的事，你们就不要相信我：但是如果我所做的是我父的事，你们纵使不信我，也要相信这些事；这样，你们就会知道而且会相信父就在我里面，而我就在他里面”[③]！这就是说，不要轻率地相信我，而要对我所做的事给予证明；而是要探究《圣经》，哪些证实了是属于救世主的；要考虑我所做的事是否适合于上帝，是否起因于上帝：如果是的

① 《申命记》30.11、14。

② 《约翰福音》3.2，9.16，10.21。

③ 《约翰福音》10.37、38。

话，那么就断定并相信我即是他，他即是我。实际上，也有若干人说，“基督来的时候不可能做出更多的奇迹；而许多犹太人在他们看到了他所做的神迹时就相信了他。”[1]

21. 使徒说，“我们怎能逃脱罪恶呢，如若我们忽略了这么大的拯救，这拯救起先是主亲自讲的，而后听见的人向我们证实了；上帝又按自己的意志用各种奇迹及圣灵的恩赐给他们以证明”？[2]那些听到我教创始人基督亲口讲话，看到他所行奇迹的人“弃绝了一切可耻的秘事、一切诡计，不谬讲上帝的道理：他们只将真理表明出来，好在上帝面前将自己荐与各人的良心”，[3]这即是说，他们诉诸于各人的理性。彼得劝告基督徒，“若有人问他们心中盼望的理由，要常作准备给予回答。”[4]既然如此，如若对人们的知性毫不关心，如若基督的教义是不可理解的，所有这些奇迹、这些呼吁又是为了什么目的呢？难道我们必得去相信启示出来的毫无意义的东西吗？

22. 但是，只要不再固执于这些段落，一切人如若以阅读常人著作同样的公平和注意去阅读《圣经》，他们就会承认我所捍卫的观点的真实性：在解释《圣经》时，没有任何不同于解释其它著作的通用标准。任何不怀偏见的人只要愿意运用那种方法，他都会认出下面这类人是声名狼藉的骗子手，或者更多地欺骗了他们自己，这类人坚持说《新约全书》的写作缺乏一定的次序和范围，只不过

① 《约翰福音》7.31，2.23。

② 《希伯来书》2.3、4。

③ 《哥林多后书》4.2。

④ 《彼得前书》3.15。

是使徒们头脑中的材料的归入而已，而这些材料或者是靠感情的一时冲动传来的（如某些人偶尔发生的那样），或者由于缺乏良知和高等教育照搬别人的看法得来的。我以为我可以正当地认为这些抱怨《新约》是杂乱无章的人，根本不了解真正的方法。但是要证明这点并不能根据一般的看法。

23. 福音书的通俗不仅在于其方法；因为其文体也是易懂的，最自然的，而且是以它所直接托付的人们的普通方言写成的。如果传教时将色诺芬[①]的语言强加于现代的希腊人，或将正确的英语强加于苏格兰的乡下佬，那么让他们学会这种语言要比让他们了解这种语言所表示的事情花费更多的时间和精力。在古代，同样在我们现代，犹太人对希伯来文的了解要比他们对本地区的方言的了解差得多了。因此决不能从语言的晦涩作出有利于无理假说的借口：因为人们以为所有的人都了解他们当地语言的日常用法；其实，有学问人的文体却未必能为平民所理解。而且，那些文如其言、无需华丽辞藻虚饰的最平易的作者常被所有优秀的鉴赏家认作是最好的作者。托上苍之福，我们现在在手头上还保留着《旧约全书》的纪念物，常为《新约》所设定、引证或涉及。这还不是全部，因为犹太人的礼仪和习俗一直延续到现在。如果这在当时对于希腊人和罗马人是逼真的，这就必然给我们提供了方便，有助于我们正确地了解他们宗教的许多不为人所知的细节，这就会使我们成为以色列学的权威和大师。此外，我们还保存有犹太教法典以及犹太法学家的其它著作，这些东西虽在其它方面没有多大

① 色诺芬（Xenophon）公元前430？—355？希腊历史家、散文家。——译者

用处，可是对于我们研究古代的宗教仪式和语言却有不少的帮助。而如果某一词句的意思终究不为我们所了解，我们应当宁可把这种情况归之于由于时间的久远以及缺乏更多同种语言的书籍，而不可归之于事情的本性或作者的无知，因为此作者可能是易于为他的同胞和同时代的人所了解的。但是，根据这些段落，既不能证明任何真理，也不能驳斥任何谬误，正如某人根据教堂的钟声并不能准确地预测自己的命运一样。

24. 如果某人反驳说，福音书的写作极少或毫无修饰，没有语言的推敲，也没有雕琢华丽的词句；这种责备是符合实际的，而且使徒们本人也是承认的：这正是最明白不过的证据，说明了使徒们是想让一切人都懂得他们讲的。保罗说，“我过去来到你们这里，并非以卓越的语言或智慧向你们宣布上帝的圣言。我说的话讲的道，并不用人类智慧的委婉言词，而全在于圣灵或心灵的证明或信念，在于力量”[①]或效应。他讲这点是针对当时那些哲学家和演说家们，他们的雄辩术公认是巧妙的，他们的文章是绞尽脑汁写出来的，易于引起听众的赞赏，但是并不会满足他们的理性；在剧院或神殿里确能迷惑人们的感官，但是既不能使人在家为善，也不能使人出外聪明。

25. 这些人以及许多他们现代的徒子徒孙们迷恋于自己可笑的体系，却“将上帝的事看作是愚蠢的”，[②]这是因为上帝的事与他们反复无常的、耽于声色的观念不相一致；这是因为在上帝那里每一句话并不带有神秘的色彩，也无需华丽辞藻的修饰：只有虚假的

① 《哥林多前书》2.1、4。
② 《哥林多前书》2.14。

或琐碎的事才需要借助高谈阔论来迷惑或取悦于人——而在上帝那里对此连想也没有想到。这些人是真理纯朴性的敌人和陌生者。正如我们注意到的，他们的全部研究就在于随意地以夸大其词的雄辩和猴子式的手势来逗乐人们的情欲。他们吹嘘自己具有使人信服或反对任何事情的才能。而且，既然那在法官面前可以将最坏的事情说成是公正的人被认做是最好的演说家，那可以将最荒谬的矛盾当作是证明的人也就会被认做是最好的哲学家了。他们只关心个人的荣誉和利益，而这些又不可能用别的办法得到，便只有(按照一种永远有效，因而也是永远实用的手段)凭借他们的权威和诡辩来欺骗人们，而且以教诲为借口，巧妙地使人们永远处于完全无知之中。

26. 但是，使徒们的胸怀与此完全不同，对上帝的虔诚及为人类的和平，这就是他们的利益，而基督及其福音就是他们的荣誉。他们来这里并非夸大或抬高自己，并不强加而是传布他们的教义。他们并不搅混和误引心灵，而是说服心灵。他们从事于驱散无知，根除迷信，宣传真理以及改革风俗；"宣讲囚徒的解放"[①]，(即)使利未人的奴隶们和异教徒的教士们享受基督教的自由，并且宣布忏悔的罪人将得到拯救。

27. 在此我将附带谈一下大卫所提出的上帝的法与言的一些特点，这样我们就可以只将符合于这些特点的东西当作上天的意志：他说，主的法是完善的，可以转变灵魂。主的证明是确实的，使纯朴的人变得聪明。主的规定是正确的，使人心快乐。主的戒律

① 《路加福音》4.18。

是纯洁的，使眼睛明亮。主的忧虑是清楚的，永恒持续。主的判断是完全真实而合理的。我具有比我所有老师更大的理解力，因为您的证明就是我的沉思。我比古人懂得更多，因为我掌握了您的训示。您的话就是我脚下的指灯，照亮了我前进的道路。《新约全书》充满了这种语言，而且其内容也到处与此相一致，因此我请求读者参看下面关于这全部问题的专门讨论。

第四章　对从人类理性的败坏引申出的反驳的回答

28. 还有一种反驳，为一些人所强调，虽然这种反驳未必对他们有多大帮助。他们说，即使承认福音书会像你们所假定的那样合乎理性，可是败坏了的和堕落了的理性既不能识别也不能接受神的真理。啊，但是这并不证明神的真理是违背健全理性的。可是他们坚持没有一个人的理性是健全的。因此，我想说明这个问题，以便使卓有识见而心平气和的人们不再为此而争辩。理性被认作是人们之间谈话的原则，或者说得更具体些，是每一个人都具有的根据其观念的一致与否而对这些观念进行判断的那种能力，因而也是他爱好在他看来对他有益的东西，憎恨他认为是有害的东西的那种能力：我认为，在这种意义下，理性在每一个感官正常的人中就是完整的和纯一的。正由于它，我们才被当作是人；失掉了它，我们就如禽兽一样，既不能告知别人，也不能增进自己。

29. 但是，如果把理性了解为只是对这些能力的一种经常正确的利用，也就是说，如果一个人只有根据清楚的知觉才来判断，

只是欲望真正对己有利的东西，并只是躲避确实有害的东西：那么，我承认，它是极端地败坏了。我们还易于形成错误的观念，正如易于作出对事物的错误判断一样。一般说来，我们总是贪图使我们的感官愉快的东西，而不将有害的与无害的快乐区别开来；而且我们的厌恶同样是片面的。我们只算计着满足肉体的要求，而很少沉思，并且对精神的或抽象的东西想得极为肤浅。我们易于放纵自己的嗜好，我们将此叫做"顺乎自然"[①]：因此自然人[②]（the natural man），这就是说，那完全受肉欲支配的人，认神的事为纯然的蠢事，称宗教为迷信脑瓜的热昏的梦话，或是政客们想出来恐吓愚民的政治诡计。因为，"正如照凡人道路行走的人只想到凡人的事一样，他们肉体的智慧是以上帝为敌的。罪恶容易缠累我们。在我们四肢或身体中有一种法则，与我们心灵或理性的法则相敌对。而且当我们为善时，恶就在我们身边。如果我们对于地上的沉思显得如此地愚蠢和不适，那么当我们被告知天国的事时，我们怎会相信呢"？[③]

30．但是这些混乱决不是理性引起的，任何事物都不能直接违背理性。我们并非处于必然要犯罪的命运之下。我们的知性中并没有天生的缺陷，除了那些我们自己创造的东西，这就是说，恶习容易沾染，但不容易改掉。在这一点上我们像醉汉一样，他之所

① 《哥林多前书》2.14。

② *Ψιχικός* 经常指动物的，而决不是指自然状态的人，在这里应译为肉欲的（sensual），正如在《雅各书》3.15和《犹大书》19中所正确使用的。

③ 以上参见《罗马书》8.5、7，《希伯来书》12.1，《罗马书》7.23、21，《约翰福音》3.12。

谓“我不能戒酒”是由于“我不愿意”。因为，由于赌博或者由于奖赏，他能够戒杯一天、一个月，甚至一年，这完全取决于对这种预期的利益的价值或可靠的考虑究竟影响他到怎样的程度。因此“当人被诱惑时，不可让他说，我是被上帝诱惑的：因为既然上帝不能被恶诱惑，他也不会诱惑人：但是每个人的被诱惑，是在他被自己的私欲拉走并受到引诱的时候”。[①]

31. 纵使假定我们天生不能正确地运用理性，我们由于没有遵守上帝的诫命而应受到的谴责也赶不上那些人应受的谴责，他们由于根本不相信基督，因而福音书也决不会启示给他们：因为，“不信基督的人怎会去求他呢？而且没有听到基督讲话的人怎会相信他呢？”[②]如果我们理性的能力是不完善的，或者我们不能正确地运用它们，那么对于许多事物，当着我们的各种观念表明为不可避免的参差不齐或我们的能力高下不等时，我们就不可能互相了解。但是，恰恰是我们理性和自由的完善使得我们应该受到奖赏和惩罚。我们信服我们全部思想是完全自由的，我们能够扩展讲话的力量，比较各种观念，把清楚的与含混的观念区别开来，对不确定的东西不做判断，以及只服从证据。总之，我们在制定计划时所运用的思虑以及我们最终决定时要采用的选择，确定证明了我们是自己一切行动的自由主宰。那么，除此之外，健全理性还能是什么呢？毫无疑问，这就是健全理性。而且，对于按照这种方式来运用理性的人来说，任何福音的或其他可知的真理都不可能证

① 《雅各书》1.13、14。

② 《罗马书》10.14。

明是不可企及的或可怕的。但是，当我们滥用理性反对其自身，而且使它沦为我们放荡的想象的奴隶时，它就嫌恶一切善行。我承认，我们是这样地习惯于敷衍草率的结论，以致若无艰巨的经常练习就不可能恢复我们固有的自由，“我们如此习惯于为恶，因此很难为善。”[①]虽然在《圣经》中谈道，“我们既不会认识也不会了解”，但是在这里也谈道，我们可以“改正我们的道路，转变我们的罪过”，还可以“选择我们的生活”，这样做的人将受到鼓励。根据严肃的反省，我们能够看到自己的缺点，并且发现，我们认为最不合理的东西只是在下述情况下才真是如此：出自肤浅而冗长的文章、或缺乏必要的帮助；出自尊重权威和所信赖的原则；出自反常的嗜好和自私自利或党派仇恨。

32. 但是，尽管如此，仍然有一些人煞费苦心地剥夺他们自己（如果他们能够的话）的自由或自由意志——这种在人的一切能力中最高贵最有用的，这种我们能正当地称之为唯一属于我们的东西，这种任何力量和财富都不能从我们夺走的唯一的东西。这些人无论以怎样的虚伪的谦虚来掩盖他们的愚蠢，可是由于极端的傲慢和自爱，他们必然陷于不能自拔的愚蠢之中：因为，不愿承认自己的愚昧和失策（这些是由于冲动、懒惰或轻率而引起的），他们定会从他们的意志中排除全部罪责，并归之于他们自己无法医治的一种天生的无能。他们如此巧妙地欺骗他们自己，并且宁愿选择与禽兽或机器处于同等地位，而不愿承认自己具有人类的脆弱性并需加以改善。

① 《耶利米书》13.23。

33. 由于我们理性的完善或健全在我们看来是如此的明显，也如此明白地包含在《圣经》中，不论遭到一些无知者怎样的曲解，我们仍然应当满怀成功的希望努力获取知识。为什么我们一定要持有如此卑下而不得体的想法——仿佛真理如同万能的上帝一样，居于不可接近的灵光之中，而不会为人的子孙所发现呢？事物毕竟是同一个事物，尽管人们对它们的观念可能如何的不同；而且，别人没有发现的东西，我仍有可能幸运地发现。认为一切东西都已被前人发现无遗，这只不过是在某个只让一人说话不许别人与他看法不同的地方才会听到的一种奇谈怪论。在世界上每日都可以看到的过失和错误无非是让我们记住，许多有才能的人并没有以他们应有的或可能有的条理和勤勉去检验真理。有许许多多本来我们有能力认识的事情，但由于偏见或疏忽，我们可能而且经常在我们一生中根本没有认识；而且由于在根本就没有神秘的地方想象出了神秘，或者对我们自己的能力作了一种过低而又不当的估计，因而可能人为地制造了无数的困难：反之，根据同样的理由，我们可以指望超过我们以前所有那些超过别人的人，正如我们的子孙可以超过我们及我们的前人一样。因此，要求我们努力对事物作出更好的说明，这并不是想入非非；正如要认识我们能够认识的事情，并不是傲慢一样，只有在我们大家都处于同样水平的时候，我们却愚蠢地假定别人不能与我们并驾齐驱，这才叫做傲慢：因为，“谁使你与别人不同呢？再说，你有什么东西不是领受来的？既然你确实是领受了这东西，为什么你要夸耀仿佛你不曾领受它

呢”?[1] 我们所有的人不都是从上帝那里得到了获得荣光和帮助的同样确实可靠的诺言以及大家共有的理性特权吗?“如果谁缺少智慧,就让他向上帝请求吧,上帝慷慨地赐予一切人,而且不责备他们,一定会把智慧给予他”。[2]

34. 结尾,任何人别想从这种想象的败坏中得到辩解,还是学习我们无误的神谕《圣经》吧,从中可以知道,福音书(如果真是上帝的言语)是唯独与那些“喜欢按照私欲行走的”下流人的意见和愿望相反的;是与“那些诽谤自己所不了解的事,而且沉湎于那些他们与禽兽共知的事的人”的意见和愿望相反的。“对于那些心灵被人间世界的神所蒙蔽的人们,福音书对他们是不开放的”;[3]对于那些靠他们教友的无知和轻信而过日子的人们,福音书也是不开放的。简言之,福音书是与所有那些根本不知道什么是反省或思考的人们的虚假的推理相反的;但是,福音书并不超越他们理性的可能性,只要他们愿意更好地改善他们的能力。创世说反对亚里士多德的体系,灵魂不死说反对伊壁鸠鲁的假说,还有意志自由[4]受到了许多古代哲学家的责难。但是,这点违背理性吗?这些人不是也颇受到了恰恰像他们自己那样的异教徒的挫折吗?而且他们的其他错误不是此后也受到大多数学者的揭发并被推翻了吗?此外,他们缺少一种主要的告知方法,即启示。

---

① 《哥林多前书》4.7。

② 《雅各书》1.5。

③ 《彼得后书》3.3,《犹太书》10,《哥林多后书》4.3、4。

④ 我们在自身中经验到的绝对自由怎样与上帝的全能和我们对他的依赖相一致,这一点在适当的地方将会谈到。

第三部　论在福音书中没有任何神秘的东西或超越理性的东西

1. 我们最终要来研究福音书中是否有那一条教义虽不违背理性，可是却超越理性。使用这种表述有双重意义。第一，它指明某物虽然就其自身而言是可以理解的，但是深为形象的词汇、样式和礼仪所掩盖，以致理性无法透过帷幕见到在其掩盖下的东西，除非将帷幕揭开。第二，它用来表明某物就其本性而言是不可设想的，而且不能用我们通常的能力和观念加以判断，即使它被十分清楚地揭示出来。在这两种意义下，所谓超越理性与神秘是同一回事，而且，实际上在神学中它们是可以互换的词语。

第一章　在异教徒的著作中关于神秘的历史及其含义

2. 理性是什么意思，我们已经详细讨论过了，但是要正确地了解神秘这个词的含义，我们必需追溯其起源一直到古代异教徒的神学，这确实是相当漫长的一段时期。那些异教徒，他们（正如保罗对他们出色描写的那样）自认为聪明绝顶，而其实只是傻瓜；他们改变了决不会败坏的上帝的灵光，使之成为易于堕落的人的、鸟的、兽的以及爬虫类的形象和写照；他们将上帝的真理转变为谎言，而且崇拜万物如同崇拜（并且有时更甚于崇拜）创造主一样：我是说，这些异教徒或者不好意思或者不敢公然地将他们的宗教赤裸裸地公诸于众，而是用各种礼仪、献祭、虚饰等等将它伪装起来，使迷信的人们相信美好的事物是借这些外部礼仪预示出来的。其教士们很难得在公开场合讲道，偶一为之，也是隐晦地将他们的神谕伪装成相反的东西，免得其秘密真的遭到无知者的亵渎或不敬者的侵犯。他们在庙宇或小林的最深处专设的地方履行最高的宗教崇拜活动，这些活动由可笑的、猥亵的或违反人性的种种仪式组成：而且这些场所只有那些具有某种特殊标记和特权的人，或最多只有那些占卜自己命运的人才能入内，别的人谁要进去就算犯了不可饶恕的亵渎神明的罪过。[①] 所有因为这原因而被排除在外的人称之为俗人，正如在我们这里把那些不任圣职的人称之为俗人一样。

3. 但是狡猾的教士们，他们懂得如何使每一件事有利于他们自己，自恃应当向某些人传授或教授他们仪式的意义。他们提出，那些未受传秘就死去的人，将辗转于地狱泥潭中，而涤除过罪过，受了传秘的人将与诸神同在；[②]这种说法在引起人们对享受如此巨大的幸福欲望的同时，也提高了人们对他们的尊敬。受传秘的人，经过若干年准备工作，为使他们认识到这花费了他们如此多时间及忍耐才得到的东西的价值以后，虔诚地发誓决不泄露他们所

① 女先知喊道："走开，教外的人们，快离开这整个的禁地！"——维吉尔《伊尼亚史诗》vi。

② 原书注出希腊原文，兹从略。——译者

见到或所听到的[①](虽然他们自己之间可以讨论这些),以免巨大的压力会诱惑他们泄密。而且,他们是如此虔诚地遵守这种誓言,以致其中有些人在他们改宗基督教以后,仍然守口如瓶,不将他们在异教里接受秘诀的经过宣布出来。雅典人想不出足够巧妙的折磨来惩罚泄漏了他们秘密的哲学家底阿哥拉;也不满足于对嘲笑他们弱点的人打上无神论的火印,他们悬赏让人将他杀掉。谁要说阿冬尼斯[②]是人,这就是死罪,有些人就因此而遭受苦难;而且许多人就由于愚蠢的好奇心,在酒神节上被撕成粉碎。

4. 可信的作者们记载说,教士们告诉接受秘诀的人,这些神秘的仪式最初是怎么建立起来的,或者是为了纪念某些著名的事件,或者是为了尊敬一些曾以其德行和有利的发明而造福世界的伟人而给予他们这样的承认。就假定这是真的吧,Myein 在他们体系中就意味着"传授神秘";Myesis 是指"宗教传秘";Mystes 是指后来给予教士们的那要接受传秘者的名字,如他被允许了就被称为一个爱波普特(Epopt)[③]而 Mystery 是指传授给他的宗教神秘。既然有若干等级[④],也就有不同种类的神秘。最著名的有萨莫色拉斯人的、爱洛西斯人的、埃及人的以及巴克斯的神秘,巴克

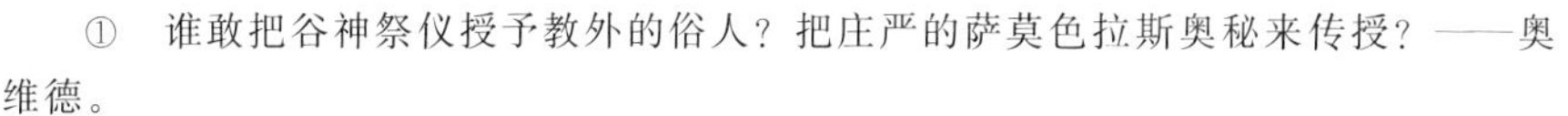

① 谁敢把谷神祭仪授予教外的俗人?把庄严的萨莫色拉斯奥秘来传授?——奥维德。

呀,那些在宗教激情中错误地泄漏神秘的人;呀,那些泄漏了隐秘的人!——阿里斯梯德

② 希腊神话中爱神阿芙罗狄特所钟爱的美少年。——译者

③ 即被接受可以见到最高神秘的人。——译者

④ 有一些小的、决要的神秘仪式,它们就像是在一些大的、重要的神秘仪式之前,起着先期的斋戒和禁欲作用一样。——阿里斯托芬《财神》古注释

斯的神秘通常以祭酒神的名称而著称；尽管这个词有时也用来代表前面任何一种神秘。[1]

5. 从上面所讲的可以清楚看到，在那个时代人们把神秘了解为就其本身而言是可以理解的某物，但被别物完全掩盖了，因此若无特别的启示就不能被认识。无须多说，在所有希腊和罗马著作家那里，作为一种通俗的用法，它经常是指任何秘密的或亵渎的事，或者是人们故意使它保持神秘，或者是由于偶尔的原因变得晦暗不明。而且这种看法在现在仍然是普遍接受的：因为当我们对某个问题尚未清楚地看透时，我们便认为它对于我们是某种神秘；还认为一种晦暗不明的或困惑难解的谈话是很神秘的。国家、科学及贸易中的种种神秘，都是在这个词的上述意义下使用的。

6. 但是，许多人虽然并不否认这样清楚的看法，可是由于无知或冲动却强烈地倾向于坚持他们的祖先借助诡诈和迷信给予他们的先入为主的看法，这些人将会认为一些基督教的教义仍然是神秘的，这是就这个词的第二个意思而言，即是说，它们尽管被清楚地揭示出来，可是其自身是不可设想的。他们认为任何反对他们的观点都会被长期的法规证明是蠢事，而且，的确习惯已经使那种观点成为危险的。但是，为了击溃上面这种如此拙劣的看法，如果我能证明在《新约全书》中神秘这个词总是在第一种意义下或异教徒的意义下使用的，即事物本来是很可以理解的，但是却被形象的词汇或礼仪所掩盖，以致理性不借特殊的启示就不能发现它们；

[1] 有的人严肃地举着内盛秘诀的匣子游行，那是教外之人欲知而不可得知的奥秘。——卡图鲁斯

并且证明帷幕确实被揭开了；那么，就会清楚地得出这样的结论：这些深深地被掩盖的教义恰当地说来并不能叫做**神秘**。

7. 这正是我盼望在这一部分的末尾能做得使那些关心真理、而不是关心陈腐或偏私意见的诚挚的基督徒完全满意的目的。可是，首先我必需消除掉某些共同的吹毛求疵，因为不仅那些含糊不清的典制的生疏的初学者会利用这种吹毛求疵随时挑起一场重大的争论，虽然当他们离开了常轨连一句恰当的话也说不出来；而且他们可敬的老师真的有时也不耻玩弄这种小小的把戏，他们知道这只会取悦于自己一方具有偏见的人，而不会树立任何种类的对手。我甚至盼望着宁可有无知的善意的热忱，而不愿有这种活动中的狡猾和诡诈。

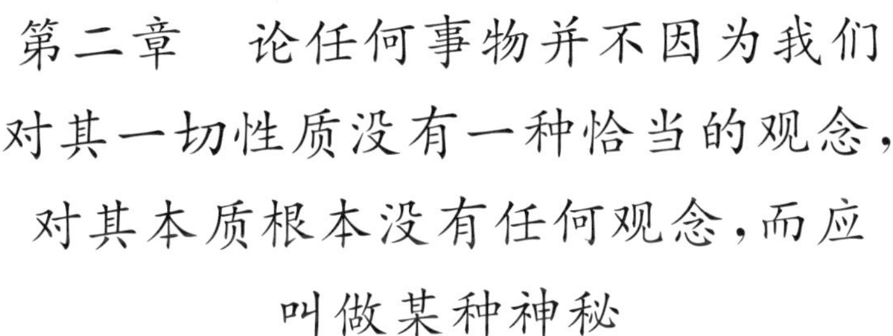

第二章　论任何事物并不因为我们对其一切性质没有一种恰当的观念，对其本质根本没有任何观念，而应叫做某种神秘

8. 我将尽可能清楚地讨论这点。首先，我肯定，**任何事物并不因为我们对其没有一种恰当的观念，或对其一切性质没有马上给予清楚的看法，而就被说成是某种神秘；因为如果真是那样的话，那么每一件事物都会成为某种神秘**。人们关于有限创造物的知识，随着对象在知性面前的表现，而逐渐进步。亚当在他二十岁时所知道的决没有在他一百岁时知道的那么多；正如清楚记载着

的，耶稣的智慧是“随同他年龄的增长而俱增。”[1]人们认为，我们认识千百种事物，我们不能怀疑这点；可是对于这些事物中的任何一件，我们决不会有完整无缺的概念。我最了解的事物莫过于我正在其上写字的桌子：我认为这张桌子确实可以分割成许多部分；但是能够因为我计算不出究竟有多少部分，或者因为我不能清楚地知觉到这些部分的数量和形状，我就可以说这张桌子是超越我的理性吗？我确信植物有一个合乎规则的结构以及许多导管，其中许多相同于或相似于动物的导管，植物依靠这些导管从土地吸收某种汁液，又将这种汁液转变为自己的实质，并将废弃的部分排泄掉。但是，我并不清楚地了解所有这些活动是如何进行的，虽然我很懂得一棵树究竟是什么意思。

9. 其理由就在于，因为认识物体就是认识其性质，上帝已经明智地规定，我们了解的只应当是那些对我们有用的和必要的性质；这就是我们当前条件所需要的一切。因此，我们的眼睛并不提供我们看见一切数量，甚至并不能看见任何事物自在的样子，只看见它与我们有关的样子。太小的东西，正如我们看不见它一样，它也不能危害或有利于我们：而且，我们越是接近某些物体，我们对这些物体越是了解，因为它们更加涉及我们的利害关系；但是，当我们远离了它们，我们就看不到它们，随同也就失掉了它们对我们的影响。我相信没有一种运动不会引起某种声音，随同着一定程度的力，在空气中就会有某种声音，为耳朵所感觉到；而且，可能有关的小动物能够听到蜘蛛的脚步声，正如我们能够听到人和家畜

① 《路加福音》2.52。

的脚步声一样。从这些以及许许多多其他事例可以清楚看出，除了那对我们有害或有利的事物外，我们对任何其它事物很少有确切的了解。

10. 因此，正确地说来，当我们知道了某物的主要性质以及这些性质的若干用处，我们就算了解了某物：因为在所有正当的作者看来，了解无非就是知道；①而既然我们对那不可知的东西不能有任何观念，那么它对我们也就无足轻重。因此，根据我们对某物所知道的不过是与我们有关的性质，就说它是超越我们的理性，这种说法是不恰当的，而且根据这个理由而放弃我们对它的研究，这更是可笑的。如果有一个人根据他不知道一滴水由多少分子组成，不知道空气是否通过水，是否与水结合，而顽固地坚持水是超越他的理性，并坚持决不研究水的本性，决不在家里或耕地上使用水，对于这个人，我们会怎样想呢？这种情况毕竟仿佛就如同：因为我不能飞，我也不愿走了。既然，事物的名称是根据其已知的性质而定，而且可知的性质只是与我们有关的性质或用来发现这有关性质的那些性质，那么，就不能因为我们不了解其它性质而责备我们了，讲理的人会公正地不再更多地要求我们，更不要说全智的上帝了。

11. 因此，获得确实而有用的知识的最简略的方法就在于，不要用那虽被认识但无用的东西、或者根本不可能认识的东西来麻烦我们自己和别人。由于我极易发觉雨落到地上来有益或有害的

① 我既不认为，世上除了可认识的，还有什么显得是可了解的；也不认为，除了如何可靠地进行认识，还有什么是需要去了解的。——加伦《论最好的教育》

结果,那么即使我确实了解了雨在云层的产生,这对我又有什么更大的好处呢?因为毕竟我不能随心所欲地造雨,也不能在任何时候阻止下雨。在这些情况下,一个或然的假说是不足的:例如,两架日晷仪的指针可能有相同的运动,虽然引起相同运动的内部发条的安装是完全不同的。这时要肯定这架发条的安装或那架发条的安装是最适当的方式是不行的,除非你能证明没有其它可能的方式存在。况且,如果你是偶尔碰上了一种最适当的方式,你决不能确信它,因为事实的证明完全依赖于证据;因此,决不可得出这样的结论:某物之所以如此是因为它可能如此。

12. 把这个讨论应用到我的主题上来没有什么困难;这就是,首先,任何一个基督教的教义,和任何一种天地万物一样,不能因为我们对任何属于它的东西没有一种恰当的或完全的观念,而被斥之为某种神秘。第二,宗教中启示的东西,既然是最有用的和最必要的,所以必然而且可以同我们对木石、空气、水以及诸如此类的东西的认识一样易于了解,并被发现与我们的一般见解完全一致。第三,当我们对这些教义的说明正如我们对那些被称作是自然物的说明确实同样熟悉时(这点我自认我们能够做到),那么可以恰当地说我们对于前者的了解和对于后者的了解是一样的。

13. 那些想借从未知的东西推论出已知的东西、或坚持要有恰当的观念这种可怜手法来为他们神秘说辩解的人,当然是白费气力,而且表现出非常缺乏可靠的论据;除非他们像有些人所做的那样,同意把每根草尖、坐着和站着、鱼或肉都叫做深奥的神秘。而且,如果他们随心所欲,意气用事,仍然要干傻事,并把这些东西叫做神秘,我也愿意承认他们在宗教中尽可以持有各式各样的看法，只要他们同样允许我，使我的看法成为别人所可理解的，如同这些看法对我是可理解的一样。

14. 但是，为了结束这点，我的结论是，上帝自身或他的任何属性并不因为我们对其缺乏某种恰当的观念，因而在我们看来就是神秘；不，永恒也不因为我们对它缺乏恰当的观念而是神秘。怪才只有当他们对待单单永恒时才真正显露出其才华。这时，他们自认是处于不可克服的堡垒中，并且古怪地侮辱那些无法在某物并不存在的地方寻找某物的迟钝的人们。因为假若某种范围（如开始或终止）能够赋于永恒，那么永恒也就马上不再是永恒了；而你只会形成一个有限的、或宁可说一个否定性的观念，而这种观念正是一切界限的本性。不能这样说：因此永恒在这一方面就超越理性，或说：不能穷尽其观念就是我们的某种缺陷；因为理性除了恰恰认识事物的本性之外，还能给予它什么更大的成就呢？而且，理性的一切错误不正是在于把某物原来并不具有的那些性质给予了它，或把某物所具有的某种性质取消了吗？因此，永恒并不因其不能设想就比一个圆形因其可以设想而更超越理性；因为在两种情况下，理性只是按照对象的不同本性履行其作用而已，这两种本性其一在本质上是可设想的，另一是不可设想的。

15. 可见，这种虚构的永恒的神秘性并不在于缺乏一种恰当的观念，这正是我们目前对它所考虑的全部内容。困难产生于它的持续性，例如连续性似乎使永恒成为有限的，又如，如果永恒是同时的，那么一切事物就必需同时存在，我并不放弃很容易地解决这些问题的希望；而且还要将无限（无限是离不开永恒的，或毋宁说就是对同一个事物的一种不同的考虑）转变为如同三加二等于

五那样并不神秘。但是，这一点正是我在下面的讨论中要做的，在那里我要根据我在此正在确立的一般原则，对基督教的教义作一番具体的解释。

16. 既然我们并不认识事物的所有性质，我们也决不能设想世界上任何实体的本质。为避免含混起见，我仿效一位优秀的现代哲学家，将事物的名称本质和实在本质区别开来。名称本质就是我们在任何事物中大体观察到的那些性质或样式的、并给予共同指称或名称的一个集合体。因此，太阳的名称本质就是一个光亮的、热的及圆的物体，离我们有一定的距离，而且具有一种经常规则的运动。只要谁一听到"太阳"这个词被说出来，他对太阳的观念就是这样。他也许会设想出更多关于它的性质，或者根本不是这些性质；但它仍然是构成他的观念的那些方式或性质的一个集合体。所以蜂蜜的名称本质就在于其颜色、滋味以及其它已知的属性。

17. 然而实在本质却是某物的内部结构，是此物一切性质的根据或承担者，也是这些性质由其自然流出或产生的东西。那么，虽然我们相信事物的样式必定要有一个主体使自己存在于其中（因为它们不能单独存在），可是我们绝对不知道这主体究竟是什么。我们所能设想的最清楚的东西莫过于上面谈到的太阳的性质，以及植物、水果、金属等等借以为我们所知的那些性质；但是，我们对于这些性质的若干基础毫无任何观念，纵使同时我们确信某种这样的东西一定是存在着的。因此，事物的可以观察到的性质就是我们借其名称所了解的一切，正因为这种理由，这些性质就被称作事物的名称本质。

18. 那么，由此可见，任何东西不能因为我们不知道它的实在本质而就被叫做某种神秘，因为实在本质不能在某一事物中比在另一事物中更易于认识，而且决不会被设想或被包括在我们对事物所具有的观念、或我们给予这些事物的名称之中。若不是因为某些人（他们只是迎合了“伟大的”读者，而不会得到讲求理性的人的好评）经常重复的诡辩，关于这个问题我本来不想作更多的强调。当他们想用最露骨的荒谬和矛盾来打倒别人时，或想使别人将宗教委之于空言或无法解释的东西时，他们就狡诈地告诉这些人说，他们对许多事物都是无知的，特别是他们自己灵魂的本质；并说，因此，他们一定不要总是否定他们不能设想的东西。但是，这还不是事情的全部；因为当他们（不是去驳斥）而是想把那些坚持只有可以理解的和可能的事物才是信仰的主体的人说成是可笑而不自量的冒牌学者时，他们千方百计地要把这些人说成是想用被创物的本质来规定上帝的本质。而且在他们已经完全丑化了他们自己杜撰的这种假定以后，他们作出结论说，如果只要一块最小的石子的构造没有被估计到的话，那么他们就不应该坚持如此严格的信条，但是，有的时候，他们又满足于使他们的理性屈从于他们的老师和教会的决定。

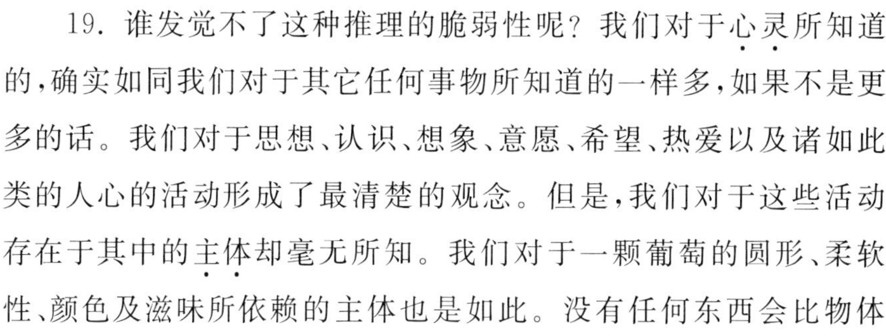

19. 谁发觉不了这种推理的脆弱性呢？我们对于心灵所知道的，确实如同我们对于其它任何事物所知道的一样多，如果不是更多的话。我们对于思想、认识、想象、意愿、希望、热爱以及诸如此类的人心的活动形成了最清楚的观念。但是，我们对于这些活动存在于其中的主体却毫无所知。我们对于一颗葡萄的圆形、柔软性、颜色及滋味所依赖的主体也是如此。没有任何东西会比物体

的样式或性质，例如是可展延的、固体的、可分的、光滑的、粗糙的、柔软的、坚硬的等等更明显了。但是，我们对于作为这些可感觉的性质的承担者的内部结构，正如我们对于心灵的活动存在其间的内部结构一样很少知道。而且，如同我在上面刚刚指出的那位伟大人物所观察到的，我们可以根据我们对一个物体的实在本质没有某种观念而否认此物体的存在，正如可以根据同样的理由而怀疑心灵的存在一样。因此，心灵的观念从任何一点来看，都如物体的观念一样清楚和明白；而且这里如果有（事实上没有）任何区别的话，那么，心灵必定更占上风，因其性质更直接为我们所知，而且是我们借以发现其它一切事物的指南。

20．至于对上帝，我们所了解的只不过是他的属性。说真的，我们并不认识无限的善、爱、知识、能力及智慧同时存在于其中的那个永恒主体或本质的本性；但是我们对于任何他的创造物的实在本质并不就认识得更好些。正如所谓上帝的观念和名称我们了解为是他的已知属性和性质一样，我们所谓所有其它事物的观念和名称是指它们的属性和性质；而且我们对其一的设想如同对另一个的设想一样的清楚。在本章的开头我就指出，我们对事物的认识只是那些必要的和有用的性质，对其它我们一无所知。对于上帝我们也可以这样说；因为我们宗教的每一项行为都是以对他的某些属性的考虑为指导的，而从来是不考虑他的本质的。我们对他的爱是由他的善所点燃的，我们对他的感恩是由他的仁慈所点燃的；我们的顺从是由他的公正所制约的；而我们的希望则是由他的智慧和威力而加强的。

21．我想现在我可以满有把握地作出结论，任何事物并不因为我们不认识它的本质而就是某种神秘，因为可以看出，事物的本质自身既不能认识，甚至也不可能为我们所思想：因此，上帝自身就这一方面而言，和他的创造物中最卑贱的东西一样，没有更多的理由能被看成是神秘的。我也并不十分关心这些本质未为我们认识这桩事：因为我坚持如下的看法，即无限的善不乐意启示给我们的东西，我们或者依靠自己就完全能够发现，或者根本没有必要去了解它。

第三章　在《新约全书》及最早的基督徒的著作中神秘这个词的含义

22. 上面已经处理完了这些恰当观念以及我所不知道的实在本质，现在我们进到决定全部争论的主要之点。既然争论的问题是基督教是否神秘，因此，这个问题自然应该根据本来就包含着基督教信仰的《新约全书》来予以解决。我热诚地希望将问题放到这个争论点上来，我诉之于这个法庭：因为如果我不相信我从这些神圣记录中学得的真理无限地胜过所有其他的考察，我决不会断言在基督教中没有任何神秘。如果这是某种错误的话，那么，《圣经》已经使我做出了这种错误；而且，我宁可被人们斥为异端，只要圣经经文支持我，而不愿被全社会当作是正统的，却遭到这些经文的反对。

23. 由于研究了《圣经》，我发现有些福音教义被人称为神秘，这是就这个词的更一般的或更特殊的意义而言。它们之被称为神秘，更一般地说是涉及到全人类：因为这里指的事实上是只为上帝所知并且只存在于他的天命之中的某些事实，或是那些在人间世界完全失掉并遗忘了的事件，任何人无论怎样聪明或博学，都是不可能发现它们的；因为“上帝的事除了圣灵之外，没有人能知道”，[①]正如一个人的秘密思想除了他自己讲出以外，没有人能够发觉一样。因此，在《新约全书》中，上帝的这些启示之被叫做神秘，并非由于任何表现出来的不可设想性或隐晦不明，而是涉及到在此启示以前它们究竟是什么，正如把我们长期所从事的工作称为我们的任务一样。

24. 如果谁会问起这点，那就让他听听使徒保罗在福音书里对他自己和他的劳动伙伴们所宣布的话吧：他说，“我们谈的是隐藏在神秘中的上帝的智慧，在创世以前上帝已用它预定了使我们得到荣光，人间世界的王公们没有一个人知道它等等”。[②] 而且，为了表明这种上帝的智慧只是由于缺乏启示的告知才成为某种神秘，他马上补充说，“上帝为爱他的人准备的东西，是眼睛看不见的，耳朵听不到的，人心想不到的；只有上帝借着圣灵将这些东西启示给我们。”[③]最有眼光的哲学家并不能预言基督的降临，不能发现肉体的复活，也不能发现在福音书中讲述的任何其它事实：而且，如果他们碰巧时而说了某种类似真理的事情，充其量不过是神圣的，而决不能确信为他们的意见。考虑一下下面这点是最有意思的：那些正在探究的异教徒，为了要对那些与他们的任何哲学原

① 《哥林多前书》2.11。

② 《哥林多前书》2.7、8。

③ 同上，2.9、10。

则完全无关的问题、而只有上帝才能告诉我们的某件历史事实、或对那些别人确实亲身经历的问题提供一种理由，他们会搜索枯肠经常陷于极大的苦恼之中。关于这点，我不妨再补充下面的例子。

25. 使异教徒们知道自己是处于凡人条件下的这种经验，同时也使他们知道他们本性的脆弱以及有无数的灾难经常伴随着他们。他们无法使自己信服为什么人类要从一位无限善良和仁慈的上帝的手中降临到如此不幸的处境中来；于是就想将这一切归罪于成年人的邪恶，到头来他们又发觉了死亡和不幸并没有饶过无辜的孩子们，正如没有饶过匪徒和海盗一样。最后，他们想象出一种先存的状态，在那里像天使一般独立活动的灵魂可能犯下了某种特殊的罪过，因此，作为惩罚，就被投进躯体中去，他们有的时候把躯体比之于牢狱，但是更经常的是把它比之于坟墓[①]。这同样也是轮回说的起源，虽然随着时间的进展，人们对今生的罪过如同天国的罪过一样也采用了这种看法。但是，底比斯人开贝斯在他最卓越的《人生素描》一书中向我们提供的关于这个问题的说明却是最巧妙的了。他杜撰在生活的入口处，欺骗起着决定的作用，它化形为一美女，手持酒杯；它向一切走向人间世界旅途的人殷勤劝酒，而这些人为了礼貌起见欣然接受；但是，这一饮却铸成了无知和错误，从此开始了他们生活的全部坎坷及不幸。[②]

26. 对于这些只凭幻想来指导而不能得到上帝心灵教导的诚

① 好像 σῶμα〔躯体〕一词曾是 σῆμα〔坟墓〕一词的笔误一样。

② 他说，你看到，在大门口有一把椅子，上面坐着一个女人，装作端庄的样子，显得令人喜爱，等等。——开贝斯《人生素描》

实的哲学家们，这一点是巨大的神秘；但是这件事对于“得到基督心灵”[1]的我们，现在并不是神秘了。我们知道亚当这第一个人也成为第一个罪人和凡人了；由他所繁殖的全人类自然也不可能比他的处境更好些：“罪恶由一个人带入了世界，又由罪恶带来了死亡。”[2]

27. 但是，某些福音教义尤其被人们称为神秘，因为这些教义在摩西律法的掩盖下躲过了上帝的特殊选民的注意；并非他们对此毫无所知，因为“律法表明了即将来临的好事”；[3]但是这些教义直到《新约全书》时代以前，未曾清楚地并充分地揭示出来，而被各种具有特色的表现、礼仪以及形象的表述所掩盖。基督告诉他的门徒说，“许多先知和君王想看你们所看见的东西，却没有看见，想听你们所听到的东西，却没有听到。”[4]保罗说，“我们使用最清楚的言语，而不像摩西那样将遮布盖在脸上”[5]；而且又马上补充说，“在基督那里这张遮布已经挪开了”，[6]可是，如果被启示的事情仍然是不可设想的，那么这点就不能真正加以肯定：因为我不晓得在根本没有听到某事和当你听到了却不了解它之间有什么区别。在另一处，保罗还有这些名言：“基督传教是按照那永世保持秘密的神秘的启示，但那神秘现在已经显现了；而且借众先知的圣书，按

① 《哥林多前书》2.16。

② 《罗马书》5.12。

③ 《希伯来书》10.1。

④ 《路加福音》10.24。

⑤ 《哥林多后书》3.12、13。

⑥ 同上 3.14。

照永生上帝的命令，已经为所有国民所知晓作为遵循的信念。”①

28. 单单这些段引文就充分证明了包含在本部分第 6 和 7 节中的论断，即：第一，福音书中的神秘原来是某些就其本性而言完全可以理解的确定的事情，但由于它们先前隐藏在帷幕之下因而被人们叫做神秘。第二，现在在福音书里，这帷幕已完全揭开了。第三，由上得出了公认的结论：恰当地说来，现在不应当再将神秘的名称加在这些教义头上。

29. 可以看出，那些最强烈拘泥于教父的人，在引证原文作为其权威时，只引证在他们看来有利于他们的地方，而将不利于他们的地方躲开或删掉。为了避免人们会恶意地暗示我在引证《圣经》时也是按照他们同样的法子，我在这里将把《新约全书》中凡是出现过神秘这个词的段落全抄写下来，这样即使一位草率的人也可以确定辨认出我所捍卫的观点。为了方便起见可以将全部引文归为三类。第一，神秘被认作就是福音或一般基督教，如同它就是完全未被异邦人所知、而只被犹太人极不完善地所知的一种未来的天意；第二，偶尔被使徒们启示出来的某些特殊的教义被说成是显现出的神秘，这就是公开了的秘密。还有第三，神秘被当作在寓言或谜语般的言语形式掩盖下的那些事物。下面就按顺序对所有这些加以论述。

30. 神秘被认作就是福音或一般基督教，见下列段落：《罗马书》第 16 章 25，26 节“基督传教是按照那永世保持秘密的神秘的启示；但那神秘现在已经显现了，而且借众先知的圣书，按照永生

① 《罗马书》16.25、26。

上帝的命令,已经为所有国民所知晓作为遵循的信念。”既然如此,如果还说这神秘仍然是不可理解的,那么究竟在什么意义下能说它是被启示的呢?在什么意义下能说这秘密借使徒们的宣讲而显现了并为所有国民所知晓了呢?这确实是一个非凡的恩赐!要用一包不可理解的观念或词句来保佑人间世界,何况这包东西总是用亚里士多德口传秘密的说教、用毕达哥拉斯神秘的学说以及其它哲学派别神秘的隐语装得满满的呢;因为他们都急于追求某些不能传达给任何一位博学之士、也决不可能传达给任何一位平民的稀奇古怪的秘密。阿谀奉承的门徒们就采用这种方法为他们师父著作中任何出现矛盾、不一致、可疑或不可理解的地方加以辩解。对于任何不满于前后矛盾或晦涩不明的人,他们马上解答说,噢,先生,哲学家既然这么说的,那么你就应该相信这点:他对他自己的意思是了解得非常充分的,虽然有可能,他并不关心别人也都应该这样:所以,先生,你顾虑的理由只是似是而非的。但是基督教不需要有这样可悲的强词夺理,在这里没有任何超越或违背最严格的理性的东西;再说,那些具有另一种想法的人,可以既为哲学家们的无聊梦想、《可兰经》的邪恶和寓言、或任何事情辩解,又可以为基督教辩解。第二段在《哥林多前书》第 2 章 7 节,其词句只是刚刚才读过的[①],这里无需再加重复。第三段在《哥林多前书》第 4 章 1 节:“让人们称我们为基督的代理人和上帝神秘事的管家或施舍人吧;”这是指传播上帝乐意启示的那些教义的传教士。第四段在《以弗所书》第 6 章 19 节,“为我祈祷吧,使我可以得

① 指本书第 53 页。——译者

到口才，可以大胆开口，讲明福音书的神秘。"与此相似的是第五段，在《歌罗西书》第 4 章 3，4 节："也请为我们祈祷吧，求上帝给我们开传道的门，得以讲出基督的神秘——使我按照该说的话，可以将它公开出来。"这些话非常清楚，无需注解。第六段在《歌罗西书》第 2 章 2 节："他们的心由于在爱中联结在一起，因而可以得到安慰，并且充分自信得到全部悟性的财富，可以知道上帝的神秘和教父及基督的知识。"很明显，这里指的是对福音状态的启示：因为，尽管犹太人可能对教父有完全正确的观念，可是他们对基督及其教义并没有像我们目前所享有的作为我们最高特权的这样充分的知识。第七段在《提摩太前书》第 3 章 8，9 节："同样，作执事的必须端庄，不要说谎，不要过多饮酒，不要贪图不义之财，要存纯洁的良心把握基督教的神秘；"这就是说，要过一种自己确实相信的生活。第八段也是关于这一类的最后一段，在《提摩太前书》第 3 章 16 节："而且，一致公认，神圣的神秘就在于其伟大：上帝在肉体中显现出来，在圣灵中予以证明，为天使们看见，被传于外邦人，为世人所信服，被接进荣光里。"我现在不想执著于对这些引文的各种不同的注疏，也不想批判地决定这些注疏的真伪。各派（尽管他们对这些引文的意思有多少不同的看法）一致认为这些略有差别的圣经诗文都是福音启示；所以神圣的神秘不能只为任何一派所独占，而为各派所共有：神圣的神秘并非专属其中某一派的本性，而是泛指对各派共有的启示。而且，必须一致承认，基督及其福音的恩惠的显示，不仅对我们是惊异神奇的，并且对于所有在《新约天启》以前的人同样也是一种巨大的神秘。从这些段落，可以看出，福音和下列说法是同义的，即：基督教的神秘，上帝和基督的神

秘，神圣的神秘，及福音的神秘。因此，没有一种福音教义现在仍然是某种神秘，（因为“凡是对我们有用的，使徒们并不对我们隐瞒，而且将上帝的全部旨意告诉我们”[①]）但是，就福音书自身而言，在此以前确实是某种神秘，而现在在它充分被启示以后，恰当地说来，就不能再称之为神秘了。

31. 我们想在第二点里表明，使徒们偶尔所启示的某些事情，只是在这种启示以前才是神秘的。犹太人很少允许其他民族的民众成为人，他们唯独不愿想到会出现那么一种时代，在其中其他民族的民众可能“与上帝和好”，[②]并与他们一起成为这同一特权的共同继承人和分享人。这一点不管怎么说在上帝的诫命中已经解决了，而对犹太人而言，仍然是一种神秘，但是这点启示给保罗而他又在其使徒书中将这点公开宣布给全世界以后，就不再是神秘的了。我们为此目的而要引证的第一段是在《以弗所书》第3章1—6，9节：“谅必你们已经听到了上帝恩赐给我、让我保护你们的天命，用启示使我知道上帝的神秘（正如以前我简略写到的，你们读了就会了解我深知基督的神秘），这神秘在以前的时代不为人们的子孙所知道，像现在借着圣灵启示给作为他的圣徒和先知的我们了；在基督那里借着福音，外邦人也会成为共同的继承人，同为一体并分享上帝的应许，——并使所有的人看到那创世以来隐藏在上帝之中的神秘是如何分配的。”第二段在《罗马书》第11章25节：“弟兄们，我不愿意你们不知道这种神秘，不愿意以色列人碰巧

① 《使徒行传》20.20、27。

② 《罗马书》11.15。

有几分盲目性，直到大量的异邦人来到。”第三段在《歌罗西书》第1章25，26，27节：“我按照上帝为了你们而赐予我的天命作了教会的执事，要履行上帝的嘱咐，甚至那世世代代隐藏着的神秘，这神秘现在已向他的圣徒显明了：上帝愿意叫他们知道这神秘的异邦人中有何等丰富的荣光。”第四段在《以弗所书》第1章9，10节：“按照上帝自己所预定的美意，使我们知道了他旨意的神秘，按照神意在日期满足的时候，他要将一切在基督那里同归于一。”这些地方无须解释，因为它们的意思都是说，在异邦人看来的天启的神秘现在在福音书中已为人们所知，已被显现出来并被宣布出来；因此，就不再成其为神秘了。能够称做上述意义下的神秘的另一桩事就是关于复活的一种情况。使徒大体上、也相当清楚地、有根据地论证了这个题目（见《哥林多前书》第15章），并排除了一种对下列情况可能产生的反驳和怀疑：在世界末日还会发现有人活在地球上。《哥林多前书》第15章51，52节：“他说，请看，我将一件神秘显示给你们，我将一件秘密告诉你们；我们不会都去睡觉或死去，但我们都会在一瞬间、在眨眼之间改变了；——死者复活，而我们将会改变。”你们可以看出，因此这里称之为神秘的东西并不是关于复活的教义，而仅仅只是关于复活的这种特殊情况，即活着的人在最后的号声下脱掉他们的肉和血或他们必死的（并非垂死的）命运，而且，在一瞬间转变为不朽的和不死的以及那将要复活的东西。在《致以弗所人书》第5章31，32节，我们得知丈夫和妻子的互爱和连结就是基督及其教会之间不可分离的联合的预表。这一点在我们得知以前，没有问题确是一种巨大的神秘，但是现在没有任何事情会比这种相似或形象的基础更好理解的了。反基督的王

国反对福音或基督的王国也被称做某种神秘，因为这是一种在不知不觉中逐渐实行的秘密计划：但是最终，一切障碍被清除了或克服了，它就暴露在光天化日之下，而且(正如神所预示的)不再成其为神秘了。保罗向帖撒罗尼迦人说，(见《帖撒罗尼迦后书》第2章3—8节)“人们不管用什么手段，你们都不要受骗，因为主耶稣降临的日子尚未到来，除非出现了离经叛教的事，这是第一；又除非有罪之人、沉沦之徒等等显露出来。而现在你们知道了是什么拦阻了他，使他不能准时显露；因为那不义的神秘已经发动，只有在那正在拦阻而且还将要拦阻的人被清除掉，然后这不义的人必显露出来。”这些就是涉及第二类的全部段落。

32. 第三，神秘被当作在寓言或谜语般的表述掩盖下的任何事物，可参见下列这些大体雷同的段落。第一段在《马太福音》第13章10,11节：“门徒们前来问耶稣说，你向众人说话为什么用寓言呢？耶稣回答他们说，因为天国的神秘只让你们知道，并不让他们知道。”第二段在《马可福音》第4章11节：“耶稣向他的门徒说，上帝王国的神秘只让你们知道；并不让他们知道，凡事都用寓言来告诉他们。”这同样的话在《路加福音》第8章10节又加以重复。从这一切引文极明显地看出，凡是耶稣用寓言说出来的那些事情，其本身并不是不可理解的，只对那些人而言，才是神秘的，因为那些事情没有向他们展示出来，亦即(正如这里所说的)“他们虽然听见了，却不能了解”。对于那些未必会被每个人所了解的事情，目前在世界上最普通的办法就是商量出一种对它们所特有的表述方式。没有任何东西会比耶稣应其门徒的请求而给予这些寓言的解释更好懂的了。

*上面已经特意援引了《新约全书》中提到神秘的一切段落，如果有谁觉得奇怪，为什么我省略掉了《启示录》中关于神秘的段落，对此我回答说，恰当地说来，不能把《启示录》看作是福音书的一部分；因为在其中没有发表新的教义。由于它远不是一种信仰或习惯的准则，它也不会成为我们宗教中任何论点的一种解释。这一卷或这一论的真正主题是对教会在其各种兴衰交替时期的外在状态的一种预言史。但是，为了避免人们疑心我处理得不公正，我将增补《启示录》中谈到神秘这个词的不多几节原文。第一段在《启示录》第1章20节："你所看到在我右手中的七星，和七个金烛台的神秘"，那么，这些星及烛台的神秘或秘密究竟是什么呢？"七星就是七个教会的天使；而你所看到的七个烛台就是七个教会，"就是亚细亚的七个教会。另一段在第17章5，7节："而且在她的前额上有一个名字，写着神秘啊，大巴比伦等。于是天使说道，——我将把这妇人的神秘告诉你。"他履行了这点，可参见下列章节。仅存的原文在第10章5，6，7节："我所看见的那站在海上和地上的天使，向天举起了他的右手，并指着那创造了天和天上万物、地和地上万物、海和海中万物的永生者发誓说，不再有时日了；但在这第七位天使将要开始发声的日子里，上帝的神秘就完成了"：这就是说，在这卷关于福音（从上面表现出来的，可见它与上帝的神秘是同一个东西）的预言中用比喻的方式谈出来的一切事

* 原书这一节仍标32，但有改动痕迹。若把这一节改为33，往下依次类推，到本章末为45，但原书下一章却从45开始，后面的数字均无问题。因目前国内尚无其它版本可参阅，现暂将这段隶属于第32节。——译者

情一定会有其最终的完成，而且最后也会落实到我们这座地球和地球上的万物身上。

33. 留下来的只有两段了，在这两段里，神秘并非专指任何特殊的东西，而是泛指一切秘密的东西，这是就神秘这个词的终极意义而言的。第一处在《哥林多前书》第 13 章 2 节："纵使我有预言的天赋，也了解一切神秘和一切知识；而且纵使我有全部信念，因此我能移山，却没有仁慈，那么我就算不了什么。"第二处与此相似，在《哥林多前书》第 14 章 2 节："那说一种我们所不懂得的语言的，原不是对人说话的，而是对上帝说话的；因为没有人懂得他，然而在其心灵中，他却讲说各种神秘"；这就是说，对他完全可以理解的东西，对于那些不懂其语言的人却成为各种秘密。

34. 我现在请求一切公正的人们来决定，难道任何有文化的人还不清楚，在全部《新约全书》中，神秘决非指任何就其自身而言不可设想的东西，或指任何虽然清楚地被启示出来、但我们的普通见解和能力无法加以判断的任何东西；而且与此相反，难道神秘不总是指某些本来就是完全可以理解的东西吗；但是，这些东西或者被形象的词句和仪式深深地掩盖住了，或者完全停留在上帝独有的知识和法令中，以致若无特殊的启示就不能被发现。只要谁对《圣经》有丝毫真实的尊敬，并诚恳地相信它是上帝的言语，他就必须根据它的权威来作结论，并且不顾一切偏见尽力为它论证。如果谁说福音书是他唯一的信仰准则，可是又相信其它未为福音书所保证的东西，那么他就是一个臭名昭著的伪君子，而且的确只是狡猾地愚弄全世界。

35. 无法用更有利的说法来为那些人开脱罪责，他们不是服从《圣经》和理性的指示，而是径直依赖那些他们特意追随仰慕的家伙，并且随时准备按照他们的指导来接受或拒绝某种意见。“博士，请问，”他的教区居民中的一人说，“您对这样一本书有什么看法？它似乎把事情弄清楚了。”“噢！亲爱的先生，”博士回答说，“这是一本很坏的书；写这本书的一定是一个危险的人物；他除了与他自己迟钝的、高傲的和世俗的理性相一致的东西以外，什么也不相信。”教区居民说：“博士，您是这么说的？那么我决心不再读它，因为我听到您经常讲道反对人类理性；说真的，我很遗憾，它不幸会落入我的手中，但是我将注意不让我家中任何人再看它。”博士说：“先生，你这样做很好；此外，这本书要比我向你讲的更坏，因为它推翻了我们所宣讲的大量论点；而且如果接受了这种学说，（这一点上帝是禁止的，）那么在你家中所保存的、花了很多钱买来的、同样也耗费了你很多精力来阅读的绝大多数好书就会一文不值，而且只好当作废纸去垫馅饼，或派作更低下的用场。”教区居民说：“哎哟，善良的博士，我请求上帝饶恕我读了这样邪恶的一本论著；能够写出这本书的人准是一个可恶的家伙；但是，你说什么？我的书全都一文不值，您是这么说的吗？张博士的讲道，李先生的论说难道都成了废纸吗？假设谁会说与此相反的话，我是决不会相信的；主啊，为什么您不将此书的作者开除出教会并查封他的书呢？”博士说：“噢，先生，时代不同了，——而现在似乎是，一个人可以根据他自己的感觉来相信，并非按照教会的指示；您知道，现在有人提出了什么宽容。”教区居民说：“博士，那种宽容将——”博士说：“请安静，先生，快别再谈这点了；我也是像你一样十分关心这点；但是，在这个时代来挑错是不安全的也不方便的。”

36. 另有一些人远非如此憨直，但却异常固执，要坚守他们固有的体系。只要他们告诉我们究竟什么是神秘，我们就必得这样相信他们，对这一点简直毫无办法。他们并不是根据推理的力量来决定这些事物是某种神秘，而是根据由此而产生的利益来决定的；而且，他们确实会称赞并捍卫任何一位作者，只要他写作有利于他们的目的，而不管他的立论是否有理。但是，我对这些人的愤怒远不如对那一类人的愤怒了，他们根本不愿意费劲去研究任何事物，免得自己看得更清，懂得更多，从而被引诱而走上一条新路。这样一些人的确必定是很冷漠的，或者说，他们要将宗教纳入他们的格式。

37. 提起格式，自然使我联想到那些在原始基督教会的审判正在起作用时，对任何理由都无动于衷的人。在他们看来，教父（正如他们乐于称道的）就是《圣经》语句的最好解释者；一位天才的人物[①]说："那些诚实的人们没能借充分的理由来证明他们自己，现在却靠教父们唯一的权威来证明了。"这位著者又补充说："如果教父们预见到了这点，那么他们就不会因为这些人在通常工作中省掉了亲自从事更精确的推理劳动而负有某种责任了。"倘若真理与谬误竟要取决于大多数人的意见或一定的时期，这在我看来，正是一切蠢事中最荒诞无稽的。

38. 但是，如果"古老"确实能够对某种观点增加一些价值，那么我想我就不必害怕支持它的决定。"因为如果我们思考世界的

① 丰德耐尔（M. de Fontenelle）。

延续（另一位有名的作者[①]说道）如同我们思考一个人的生命延续一样，是由幼年、青年、成年和老年组成的；那么，确实那些生活在我们以前的人就是儿童或青年，而我们就是世界的真正古人。而且如果经验（他继续说）是成人具有胜于青年人的最大的长处，那么，无疑地，那些最后来到世界上的人的经验一定比那些在他们以前早就出生的人的经验多得多：因为最后来的人不仅占有其前人的全部材料，而且在其上又增加了他们自己的观察。”这些思想不仅是公正的、可靠的，也是天才的。但是，如果“古老”是按照庸俗的意义来理解的，无论怎么说，我也没有理由灰心丧气；因为我的假说对于后代来说也将成为古老的，因此即令是按照旧习惯的这种方便的特权，它也将处于一种占据上风的条件之下。

39. 可是鉴于我大约不可能活到那时，因此现在不妨就应当说明，这些有幸既成为世界的青年又成为世界的老者的教父们是会支持我的。我承认，我费这么大劲，并非出于对他们判断的某种敬意。我在本书的开头已经直率地声明了我对他们权威是如何估价的；但是我的目的是在于揭穿某些人的不诚实，这些人假装对教父们的著作具有最高的敬意，可是只要这些著作不合他们的心意或利益，他们就会断然谢绝其决断。

40. 克利门·亚历山大鲁在其著作中，对于神秘到处持有与我、与异教徒们相同的观念，这种观念我已经证明了即是福音书的看法。在其值得一切渴望于了解犹太人及异教徒的神秘的本性的人精读的著作《杂记》第五篇中，我认为，他解除了对此问题的一切

① 贝荷尔特（Monsieur Perrault）在其《古代人与现代人的比较》一书中。

疑虑，并且引证了《圣经》中我为了此目的已经援引过的那些原文的若干条。而且，他告诉我们，“基督教的修行之所以叫做启蒙，是因为它将隐藏的事情揭示出来，只有主（耶稣）将方舟的盖子揭开”；[1]这就是指摩西的帐幕。

41. 每一个人都知道，原始基督徒如何模仿犹太人将全部《圣经》改变为寓言；使《旧约全书》中所指出的那些动物的性质适用于《新约全书》中所发生的事件。他们将这种随意性主要运用于人，只要他们能够在人们的名字、活动或生活状况之间发现稍许的相似之处；并且最终将这种幻想带到数字、字母、地点等等上面来。因此，在他们看来，那在《旧约全书》中的确代表了《新约全书》中某事物的东西，他们就称之为它的预示或神秘。因此，预示、象征、比喻、影像、形象、奇事及神秘在殉教者贾斯汀看来都意味着同一个东西。这位教父在他与犹太人揣风的对话中断言约书亚的名字就是代表耶稣名字的一个神秘；并断言在利非汀与亚玛力人的战斗中摩西举起了手，[2]这就是基督十字的预示或神秘，借助它，他战胜了死亡，正如以色列人在利非汀借助它战胜了他们的敌人一样；然后又加上了下列评论；他说，“关于那两位圣人及上帝的先知们，应该考虑到这点，即他们两人中间谁都不能独自实现两种神秘，我是指基督十字的预示及代表基督名字的预示。”[3]在这同一对话

① 因此，那学说，在它照亮了秘藏着的事物以后，被称作一种光明，而大师本人只是揭开了方舟的盖子而已。

② 《出埃及记》17.11。

③ 原书注出希腊文原文，兹从略。——译者

中，他把先知们的预言叫做*象征*、*寓言*和*神秘*。[①]

42. 当德尔图良在其辨惑篇中，证明基督徒并没有犯有敌对者极不公正地谴责他们所犯的那些不人道的活动时，他喊道，“我们被围攻，我们每日被搜索；——如若我们总是躲藏不露，那些据说是我们所做的事如何会为人们所知呢？不，谁能使这些事为人所知呢？诸如那些罪恶的事！确实，不会这样的：因为一切*神秘*自然会用某种神秘的誓言来加以掩盖。萨莫色拉斯人的、爱洛西斯人的*神秘*就是被掩盖着的；怎么反而说这些被发现了的东西现在会触怒人的正义，而此后还可能触怒神的正义呢。”[②]可见，这位教父认作是神秘的东西，正是秘密的活动，而不是不可理解的教义。

43. 欧利根(Origen)创造了一种说法，认为以色列人在其走向上帝应许之地的旅途中的宿营地，就是向那些将要走向天国或天国事物的人描绘道路的*象征*或*神秘*。[③] 我无需再谈他对*先知们*的著作，对以西结的见闻或《启示录》的具体论述：因为他被一致公认为将这种解释《圣经》的神秘的或比喻的方法趋于完善，并为所有在他以后要走这同一条道路的人提供了材料。但是，他远远没有想到基督教的任何教义都是当下意义下的某种*神秘*，因此，特意向他的后继人声称，他们要与一般见解相一致，要使他们自己得到

① 呀，我的朋友们，难道你们不知道这一点，即：很多学说，很多那些经由启示而来的，或以隐喻，或以神秘的仪式，或以行为的象征为方式来表达的学说，在有些人讲述或表演了它们之后，他们的后人就来解释和阐明它们。

② 原书注出拉丁文原文，兹从略。——译者

③ 并且，如果他还能通过象征而认识为走向神圣事物的人所指示的道路，那么让他去诵读刻写着的摩西的数字吧，并且让他去寻找一个人能向他讲解有关以色列子孙的宿营记载中的神秘吧。——《反西尔撒斯论》第6卷。

每一位好心听众的赞同。①

44. 最前三个世纪的其他教父们对神秘也恰恰持有与上相同的观念:如果在这个问题上,他们碰巧一处与他们在另一处的看法相矛盾,(正如他们在许多事情上通常碰到的那样)那么这只能解释为他们决不应把那些对他们自己无足轻重的东西作为他人的真正准则。但是,作为一种极大的偏爱,鉴于我们必须与那些健忘的人们打交道,他们便经常持有上述看法,所以,我现在可以公正地盼望,宗教中不可理解的、不可设想的神秘的目的,应该立即被一切诚恳地尊敬教父、《圣经》或理性的人们所放弃。

第四章 对根据《圣经》的个别原文,根据信仰和奇迹的本性作出的反对意见的回答

45. 某些人是如此地喜爱神秘,以致他们甘冒任何风险而不愿与之分离,而且似乎他们因此而得到了说明。就在这同时,不论他们意识到这点与否,他们这样做简直要使他们的宗教陷于危急关头;因为当人们声称他们所相信的东西超越理性的检验时,这就是一种不祥的征兆,而且毫无疑问,他们将会因此而吃苦头:这是在论证他们自己不信任他们的目的;而且别人会由此作出结论,凡是不敢依从理性检验的东西,其自身必定是根本不可理解的。

① 但是你看,我们的见解是不是和那些普通的看法在根本上是一致的:凡是怀着善意和理解来聆听的人,你说的一切都打动他们。——《反西尔撒斯论》第3卷。

46. 尽管这些结论是如此的明显，他们还是顽固地加以反对，甚至恬不知耻地利用《圣经》来支持他们的主张。你们将会听到在他们口中经常谈到的不过是使徒的这些话，“要注意，免得有人按照人们的传统、按照世间的基本原理，而不是按照基督，用他们的哲学和虚言妄语来败坏你们”。[①] 可笑！难道理性和真理就是虚幻和诡诈吗！在这里，并没有把哲学了解为健全的理性，（正如一切解释者所同意的）而是柏拉图、亚里士多德、伊壁鸠鲁、学园派等等的体系，而他们的许多原则是与常识和善行直接矛盾的。诡辩法从来没有像在保罗的时代那样流行过；某些出自这些学派而皈依基督教的人，找到了一条将他们永远不愿放弃的陈腐观点与基督教相结合的方式。因此，使徒有充分的根据来警告改宗者们不要将人们的杜撰与上帝的教义混淆起来。尽管如此，仍可以看出，这个有益的劝告收效甚微，因为你们将会发现，教父们从他们在皈依基督教以前所读的若干哲学体系中得来的巨大的错误和怪论，以及后来他们又愚蠢地想将这些东西和基督教调和起来，这就几乎导致基督教的完全崩溃，这一点我们将在下一章予以说明。

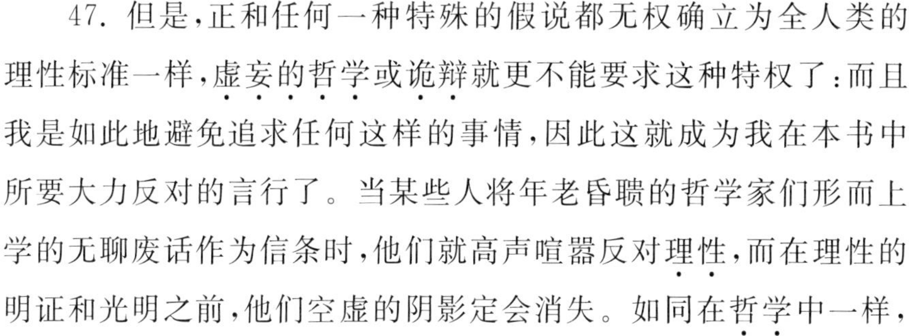

47. 但是，正和任何一种特殊的假说都无权确立为全人类的理性标准一样，虚妄的哲学或诡辩就更不能要求这种特权了：而且我是如此地避免追求任何这样的事情，因此这就成为我在本书中所要大力反对的言行了。当某些人将年老昏聩的哲学家们形而上学的无聊废话作为信条时，他们就高声喧嚣反对理性，而在理性的明证和光明之前，他们空虚的阴影定会消失。如同在哲学中一样，

① 《歌罗西书》2.8。

在宗教中每一宗派都有他们独特的谬论，而宗教的不可理解的神秘恰好完全解答了哲学的奥秘的性质。哲学和宗教二者的根本目标起初就是为了这同一个目的，即为了堵那些对未能说明的事情要求某种理由的人的口，并为了利益的需要使尽可能多的人陷于蒙昧无知。但是上帝禁止我将类似的恶劣目的强加到所有竞相夺得神秘的人的头上，而其中许许多多人据我了解，都是世界上最有理想的人。这种诡辩的或堕落的哲学在《新约全书》的其它地方被说成是人间世界的智慧[①]，希腊人深深地执迷于这种智慧，正如犹太人深深地迷恋于一种幻想，认为除了奇迹般地证明了的东西以外，没有任何东西能是真实的一样："犹太人要求神迹，而希腊人追求智慧。"[②]但是这种自夸的智慧那时在上帝看来只是愚蠢，而现在在有头脑的人看来也是愚蠢了。

48. 从《使徒致罗马人书》中引证了一段，同样是为了证明人的理性不能成为神所启示的东西的裁判官。原话是，"肉体的心灵是与上帝为仇的；因为它不服从上帝的律法，确实也不能服从。"[③]但是，如果这话是针对理性的，那么这是最虚假不过的了；因为理性确是而且应该使自身服从上帝的律法：可是，这种服从并不证明理性的不完善，正如不能将我们遵从公正的法律说成是破坏了我们的自由。理性必需首先了解上帝的律法，然后才照它行事；因为一个人并不能由于没有遵循那不可理解的法律而应受到惩罚，正

① 《哥林多前书》3.19。

② 《哥林多前书》1.22。

③ 《罗马书》8.7。

如不能根据他没有履行决未吩咐给他的事而应受到惩罚一样。因此，在这里肉体的心灵并不是理性，而是淫荡邪恶者的肉欲；他们的活动既然违反启示给我们的上帝的律法，因此也便违反了健全理性的律法。

49. 上面对于自称的智慧和肉欲的心灵所谈到的，也可以方便地应用到另一段，在这里是这么说的，“我们战争的武器并不是肉体的武器，而是多亏上帝给予我们的强大的武器，可以摧毁坚固的堡垒，可以打垮各种假想，各种抬高自己阻止人们认识上帝的高傲，还可以夺回人们的思想使之顺从基督。”[1]从这些话语以及全面的观察可以清楚看到，这些东西就是愚蠢的、亵渎神圣者的思想和假想，应该依靠理性和《圣经》来加以脱胎换骨的改造；正如他们事实上经常如此：因为那些通常不接受《圣经》论证的人，首先被理性说服了，而然后才接受《圣经》。可是，理性能够打倒或摧毁自身吗？不，它只是要克服那些邪恶无益的诡辩，而这些邪恶无益的诡辩却要借理性之名来庇护或认可自身所引起的混乱。

50. 要对无知或邪恶者为了反对我所特意用来说明理性在宗教中的这种用法而引证的全部原文逐条检查，那就会极端地冗长乏味。人们会想到，就我的目的来说任何一段都应该给予所有基督徒的真理热爱者以完全的满足：因为上帝的言语必须到处齐一和自身一致。但是我在第二部分第二章已经引证了若干节，更不待说我在本部分的上一章也这么做了。可是，因为这种推论可能遭到反驳，而且避免给吹毛求疵者或骗子手们留下似是而非的借

---

① 《哥林多后书》10.4、5。

口，我已经对我在最著名的神学著作中所观察到了的最有力的反驳一本正经地作了回答；我之所以说"我所观察到的"，是因为在这种卑俗的神秘观念甚至可能进入我的头脑以前，或者福音书中任何一段可能使我想起神秘的意思是指超越理性或探讨的以前，我竟反复阅读了福音书千百遍。我并不认为我自己会羡慕虽然始终公开承认神秘是一种神的启示，可是在背后却对神秘持有不同看法的那些人。但是，鉴于一位朋友向我提出了实际的困难，即认为我的意见破坏了信仰的本性，因此我将尽量简要地说明我对此问题的看法。

51. 我不愿意把时间消磨在把信仰照通常那样分成历史的、暂时的或合理的、活的或死的、脆弱的或强烈的，因为这中间的绝大多数并不是讲信仰自身，而是讲信仰的不同的结果。信仰这个词含有相信或信服的意思，例如当我们对上帝或某人告诉给我们的任何事情给予信任的时候；因此，信仰恰当地说来可分为人的或神的。再说，神的信仰或者是指上帝自己直接向我们讲的话，或者是指我们对于我们相信上帝向他们讲过话的那些人的言谈或著作的默认。现在在世界上一切信仰都属于这后一类，因此是完全立足于推理的基础之上的。因为，我们必须首先相信那些著作确是以其名问世者的著作，然后，我再来考察其人的外部表现及其活动，而最后，才了解其著作中的内容；否则，我们就无法确定其人是否配与上帝谈话，更谈不上确信他们了。

52. 相信任何无法设想的东西，这并不是真实的信仰或信服，而是一种鲁莽的臆想和顽固的偏见，只会引导人们成为狂热者或骗子手，而不会成为接受上帝教诲的人，而上帝无意欺骗他的创造物，也不乏正确地指教他们的能力。我以前证明过（第二部分第二章），人的启示与神的启示之间的不同并不在于明晰的程度不同，而在于确定性不同。在历史上经常发生如此多的事件，以致我们凭直觉就可以断定这点：因此，只要我可以否定对西赛罗的谋杀事件，或征服王威廉的故事[①]，我同样可以否定我自身的存在；可是这只是间或发生的：而上帝总是讲说真理和确定性。

53. 既然启示并不赋予人们任何新的能力，由此可以得出结论，如果上帝所说的确实与人们的一般见解不相一致，那么他就达不到向他们讲话的目的。某人确信有某个叫做 Blictri 的东西存在于自然界，同时并不知道这个 Blictri 究竟是什么，此人能够正当地估价他自己比其邻人更聪明些吗？而且，鉴于情况真是如此，因此一切信仰或信服必然由两部分组成，即认识和承认。这后者的确构成了信仰的形式活动，但并不能没有前者的证明：而且，这正是我们通观《新约全书》所见到的关于信仰的真实说明。在那里，我们读到，“若无信仰就不能得到上帝的喜悦；但是，来到上帝面前的人必须相信上帝存在，并且相信他赏赐那勤勉寻求他的人。”[②]所以，一位虔诚者坚定信服他的恳求将会得到满足，因为这是基于他对上帝的存在、善良和力量的认识。在基督未曾被启示以前，不相信基督不能算作罪过；“因为他们如何能够相信他们未曾听到的人呢？”[③]但是，能有什么更好的理由用来谴责那因为不了解他所讲

① 指 1066 年诺曼底公爵威廉征服英国。——译者

② 《希伯来书》11.6。

③ 《罗马书》10.14。

的因而也不相信他的人呢？因为，就我所知，这些情况是相似的。可见信仰也是“由听道而来的”；[①]但是，这也是明显的，若不了解，听道就没有任何意义，词汇及其意义在一切语言中都是交互作用的。

54.《使徒致希伯来人书》的作者并没有把信仰定义为一种偏见、意见或猜想，而定义为对于确证的信念：他说，“信仰就是对所望之事的确信的盼望，就是对未见之事的确证。”[②]这最末尾的说法“未见之事”并非意味着（如某些人所认为的那样）不可理解的或不可了解的事，而是指过去的或未来的事实，例如创世说，及死者复活说，或是指对某些我们肉眼看不见、然而我们知性的眼睛完全可以了解的事的信念。这一点靠着所有补充这个定义的例子便显得更清楚了。再说，恰当地说来，根本不能有所谓对见到的或出现的事的信仰，因为那样它就是自明的而不是推理的：“见到了的希望并不是希望，一个人为什么还要去希望他所看到的事呢？但是如若我们希望我们看不见的东西，那么我们就必忍耐等候。”[③]所以老祖宗们“并没有得着所应许的，却从远处看着，并且完全相信它们。”[④]

55. 若不是按照这种方式来设想信仰，基督如何能被称作“世界的光明”，[⑤]“异邦人的光明”呢？[⑥] 信仰者如何能说“获得了智慧

① 《罗马书》10.17

② 《希伯来书》11.1。

③ 《罗马书》8.24、25。

④ 《希伯来书》11.13。

⑤ 《约翰福音》8.12，及 9.5。

⑥ 《使徒行传》13.47。

之灵”并且“照亮了他们心灵的眼睛”呢？[1] 因为心灵的光明或理解就是对事物的认识；而且正如这种认识有多有少，所以心灵的明亮程度也不相同。“不要做糊涂人，”使徒说道，“而要理解上帝的意志究竟是什么”。[2] 在另一处，他又劝告人们决不要在犹疑不决的事中决断，除非他们“在自己心中完全相信。”[3]

56. 但是人们为了反驳这一切，可能提出关于亚伯拉罕信仰的那个著名的事例，他准备献上他独生的儿子，虽然上帝曾经应许过王侯们是由他传下来的，并应许他的子孙后代像天上的星星、像海岸的沙粒那样多。难道亚伯拉罕当时只是盲目地遵从，而并没有将上帝目前的诫命和他先前的应许之间明显的矛盾调和起来吗？决非如此：因为下边明白地记载着，“他过去曾经领受了上帝的应许，将自己独生的儿子献上，论到这儿子曾有话说，从以撒生的才要称为你的后裔；他心里推论[4]道，上帝还能使他的儿子从死里复活，他也仿佛从死中得回他的儿子。”[5]他正确地作出结论，上帝能够借助一种奇迹使以撒复活，正如同按照上帝别的应许使他奇迹般地生出一样，因为那时他的双亲已经超过了生育子女的年龄，“仿佛已成死人”[6]：因此，在别处关于亚伯拉罕写道，“当他将近百岁的时候，他并没有认为他自己的身体如同已死，撒拉的生育已经断绝，而信仰有所减弱；也没有因为不信而疑惑上帝的应许；

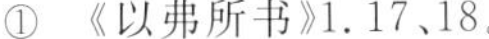

① 《以弗所书》1.17、18。

② 《以弗所书》5.17。

③ 《罗马书》14.5。

④ λοτισάμενος 一词应当译为推理。——原书注

⑤ 《希伯来书》11.17、18、19。

⑥ 同上 11.12。

而是信仰坚强，将荣耀归于上帝，而且满心相信，上帝所应许的，他也定能完成。”[①]

57. 那么在这一切中，除了根据经验、根据事物的可能性以及根据作出应许的上帝的力量、正义和不可动摇性而作的极严格的推理之外，还能有什么呢？在全部《新约全书》中，除了把信仰看作是建筑在可靠推理基础之上的一种最坚定信念以外，任何人都不能向我指明对信仰有另外的看法。在这种意义上说，全部基督教无非就是这种信仰；正如现在我们通常所说的，我们有着这种或那种信念，就意味着我们信仰某种宗教。但是，确实没有任何做法能比对我们所相信的东西进行某种彻底的考查和检验更加有益于培养和建立我们的信念了；反过来，我们信仰的脆弱和动摇则是来自于对它缺乏充分的理由，从而总是随之产生不信任；因此也就常常不能遵守真正信仰的标志和结果；而因此就产生了人们生活的一切罪过。“口头上说我认识基督，却不遵守他的诫命，这只是一个谎言者——因为谁若说他居住在主之中，他自己也就应该照主那样行动。”[②]只是相信却不了解的人必然“中了人们欺骗的法术和诡计，随同各种异端邪说之风飘来飘去，”[③]除此之外，岂有他哉。

58. 虽然在此问题上《新约全书》的权威是这样的清楚，可是我将用下列观察来进一步地证实它。第一，如果信仰不是根据对所信之事的以往认识和了解而必然产生出来的一种信念，那么在

① 《罗马书》4.19、20、21。

② 《约翰一书》2.4、6。

③ 《以弗所书》4.14。

其中就不能有程度的不同及区别了；因为程度和区别正是人们在具有了研究某一事物的欲望或机会时，对此事物认识得怎样的明显标志。而《圣经》却表明了的确存在着这样的程度不同，书中，把那些对宗教只具有一种不完善、一知半解认识的人比之于只能吃奶的婴儿[①]；而把那些对宗教达到了更完全、更精确的确定性的人比喻为能够消化干粮的成年人。[②]

59. 我的第二个观察是，信仰的主题必能为一切人所了解，因为对它的信念是决不可违反的，否则要受到永入地狱的处罚，不信者必被定罪。[③] 但是，任何人能因没有履行不可能的事而必被定罪吗？信仰的义务的确因此而提出了一种了解的可能性。我以前表明过，矛盾和无是可以互换的两个词；而现在我同样可以谈到在神学意义下的神秘这个词：因为直率地说，矛盾和神秘只是表示无的两种强调的方式。矛盾用一对互不相容的观念表述无，而神秘是用根本没有任何意义的词来表述无。

60. 第三个观察将是，如果《圣经》的任何部分是不可理解的，那么就决不可能将它正确地翻译出来，除非把这些词句的声音，而不是把它们的意思当作上帝的启示。只有当词语所表示的物为人们所了解了，这些词语也才能被了解。我即使不了解物的名称，也可以清楚地了解物，但是如若我不知道名称的主体，我决不会知道这些名称。而且，认真地说来，如若某人自认他已对他公开声称无

---

① 《哥林多前书》3.2。

② 《希伯来书》5.12、13、14。

③ 《马可福音》16.16。

法设想的东西做出了完善的翻译，这能有多大可靠性呢？不能设想，神秘的观念在绝大多数译文中会对《圣经》的费解之处作出多大贡献。当一位有才能的语言学家碰到困难的一段，他马上将这说成是一种神秘，并且作出结论认为，对于其自身是不可说明的东西无论花费多大精力也是达不到目的的。但是一位无能的翻译家会将他自己笨拙的胡言以及因他的无知而产生的一切神秘结果归之于全能的上帝。这是一些可怜虫，他们给无神论者和亵渎神灵者大量提供了他们反对《圣经》的全部材料。但是，我希望总有一天我们可以找到治愈这些混乱的药物。

61. 第四个观察是，除非信仰表示一种可以了解的信念时，我们才能像彼得指示我们的那样，给别人提供关于我们希望的理由[①]。只说我们所相信的是上帝的言语，还不够，除非我们借理性证明这点；而且我无需多讲，如果我们不能验证和了解我们的信仰，那么，每个人将不得不盲目地因袭他最初所受教的那种宗教。假定一位暹罗和尚竟告诉一位基督教的传教士说，苏末诺古达姆派(Sommonocodom)[②]禁止用理性的原则来检验其宗教的善；那么这位同时也主张基督教的某些论点超越理性的基督徒如何去反驳他呢？因此，问题就不应当是，能否允许在真正的宗教中存有神秘，而是谁有更大的权力来教导这些神秘，是基督还是苏末诺古达姆派？

62. 我的最后一个观察将是，或者使徒们不可能更加清楚地

① 《彼得前书》3.15。

② 苏末诺古达姆派是泰国佛教哲学的一个派别。——译者

论述这些著名的神秘，或者是他们不愿意这样做。如果他们是不愿意的话，那么，我们既不了解、也不相信这些神秘，就不再是我们的过错了：而如果他们连自己都不可能更清楚地写出来，那么他们就更不能指望别人对这些东西加以相信了。

63. 但是，人们断定，上帝有权要求他的创造物承认他们所不能了解的东西；而且，无疑地，上帝可以命令任何正义的和合理的事情，因为暴虐地行事只会成为魔王。可是，我要询问，假若上帝要求我们相信我们不能了解的东西，这究竟是为了什么目的呢？有人说，是为了训练我们的勤奋。但是，这种说法一眼就可以看出是可笑的，仿佛明确的福音义务以及我们必要的职业还不足以消磨了我们全部的精力。那么，如何训练我们的勤奋呢？我们最终能否了解那些神秘呢？如果能够，那么我所争取的一切，也就获得了；因为我决不认为，福音书不需要花费相应的精力就能够被理解，其他著作亦复如此。但是如果那些神秘毕竟是不可能了解的，那么这只是如此愚蠢荒唐的一件工作，以致任何一位头脑清醒的人都不愿甘冒犯罪的危险，去用人们决不可能设想的东西迷惑人们的头脑，去劝告并命令人们研究这些东西；而且所有这一切虽使他们免于懒散，可是同时也使他们几乎找不到足够的余暇去研究那些众所公认的可以理解的东西。

64. 另一些人说，上帝已经责成了对于神秘的信念，以使我们更加谦恭。但是，上帝是怎样做的呢？是使我们看到我们认识范围之小吗。但是，这样特殊的方法是大可不必的，因为经验每天都使我们知道这点；而且我在本书第二部分用了整整一章来证明，我们并非对一切性质都有一种恰当的观念，对于世界上任何实体的实在本质没有任何观念。这本来是一种很好的回答，说明上帝因此而节省了我们的思考，使我们获得了更多的时间来实践我们所了解的东西。但是，许多人却由于喧嚣狂热地从事如此愚蠢而无益的思辨而遭致了大量罪过。

65. 从所有这些观察及前面所讲的，可以明显地得出结论，信仰远远不是对任何超越理性的东西的一种盲目的赞同，因而这种观念是直接与宗教的目的、人的本性及上帝的善良和智慧相矛盾的。但是，照这样看法，有些人往往会说，信仰不复是信仰倒成了认识了。我的回答是，如果把认识当作一种当下的和直接的事物观，那么我在任何地方都没有肯定过任何类似于此的看法，而在许多地方正好与此相反。但是，如果所谓认识即是对于所相信的东西的了解，那么我同意这种看法，信仰就是认识：我始终坚持这种看法，而且信仰和认识这两个词语在《福音书》中是交互混用的。“我们知道”，即我们相信，“这真是基督，救世主。”[①]“我凭着主耶稣确知并深信凡物本来没有不洁净的。”[②]“你们知道你们的劳苦在主那里并不是白费的。”[③]

66. 另一些人会说，对信仰的这种看法会使启示变得无用。但是，请问怎会如此呢？因为现在问题并不是，我们能否凭借推理发现我们信仰的一切对象：与此相反，我已经证明了任何事实离开了启示就不能被认识。但是我断言，任何一经启示了的东西，我们

① 《约翰福音》4.42。

② 《罗马书》14.14。

③ 《哥林多前书》15.58。

就必须像我们了解世界上其它事实一样去了解它，因为启示只是用以告知我们，而对其主题的证明却能说服我们。于是，他们答辩说，理性比启示更崇高。我回答说，这正如一部《希腊语法》胜于《新约全书》一样；因为我们利用语法来了解《新约》的语言，而且利用理性来理解其意义。但是，总而言之，我看没有必要作此比较，因为理性和启示同样是来自上帝的；理性就是上帝安放在每一个进入人间世界的人中的灯塔、向导和法官。

67. 最后，人们可能反驳说，穷人和文盲就不可能具有像我所主张的这种信仰了。说真的，如果这点能够成立的话，那么它会成为比基督教界任何神学体系所能提出的神秘更有过之而无不及了：因为还有什么能比下面这点显得更其离奇古怪的呢，一个普通人将宁可相信不可理解的、不可了解的以及超越其理性的东西，而不相信平易的、清楚的以及力所能及的东西呢？但是，平民们更加感谢比那些人更相信他们的基督；因为他用一种特殊的方式向他们传布福音；而他们，反过来“喜欢听他讲”；[1]因为无疑地，他们对他的教诲要比对他们的传教士和学者们的神秘演说懂得更好些。基督教的未曾讹化的教义对于他们并不是不可及的或不可理解的，他们所不了解的只是你们神学学派的莫明其妙的话。这对于他们简直如同鸟言兽语一般，而且与他们在人间世界的境遇是格格不入的，因为他们的教士本人在开始研究《圣经》以前，首先必须通过学徒期来掌握它。如果那些被召唤来传布福音的人必得按这种方式取得自己的资格，可见《福音书》的传播在开头是多么慢了！

① 《马可福音》12.37。

而且，难怪在它遭到异教徒或犹太人的原始宗教的那些无法理解的及夸夸其谈的术语、观念及仪式如此可悲地歪曲和几乎毁灭以后，现在对于人们生活的作用是如此微不足道了。

68. 至此，我已经清楚地回答了向我提出的若干反驳，而且关于信仰这个问题我将没有更多的话要讲了，就在这同时，我想起了《彼得前书》中的一段，在那里写着天使们希望详细察看某些事情；可是那些事情并不是不可设想的神秘，而是基督的降临及灵魂得到拯救的福音状态，那些事是由神预先告知犹太人的，而当时天使们也仔细地加以推究，虽然那些事现在已经实现了，而我们还没有得着那种自由。[①] 彼得说："得着你们信仰的效果，即你们灵魂得到拯救；关于这拯救，那预先说出你们要得到恩惠的先知们早已详细地探寻考察；即考察在他们心中的基督之灵，当它预先证明基督受苦难，而后得来荣光时，这究竟是意味着什么或在什么时候：这被启示给众先知们，而他们侍奉这些事并不是为了他们自己，而是为了我们，这些事现在已由那靠着从天上差下来的圣灵向你们传福音的人报告给你们了，这些事天使们也希望详细察看。"[②]由此可见，在所有这一切中，这里并没有什么巨大的神秘，因为作为有限创造物，只能凭经验、推理或启示认识事物的天使们，也必定像犹太人那样，渴望洞察如此重要而又隐蔽不清地启示出来的那些未来的事件。

① 意指我们仍然把基督降临和灵魂得到拯救这类事看作是不可理解的神秘。——译者

② 《彼得前书》1.9—12。

69. 当所有其它手法都宣告无效时，那些支持神秘的信徒们只好求助于奇迹作为他们最后的避难所；但是这是一块如此脆弱的地盘，以致难以长期防守，而且我们毫不怀疑，因此可以轻而易举地迅速攻破。但是，鉴于这种争论的状况大体上还不曾清楚地被提出来，我将首先竭力对奇迹的本性提供一种清楚的观念，而然后人们就会自己来判定，我是否还有更多的理由来担心任何来自于这种反驳的危险了。那么，一种奇迹就是某种超越一切人力的活动，而且这种活动，自然规律凭借它通常的作用也不可能完成。

70. 既然如此，那么任何违背理性的事情都不可能是奇迹，因为上面已经充分地证明了，矛盾只是表示不可能或无的另一个词。奇迹的活动因此必须是某种其自身可以理解的并可能的事情，尽管其活动方式是特殊的。如果确有某物能够排斥围绕一个人四周的火焰与光热，那么此人安全行走于烈火之中就是可以设想的；但是，当这样一种安全并不是由技艺或运气提供的，而是超自然力的直接结果，那么这就构成一种奇迹。一位高明的医生有时确能恢复盲人的视力，而且当着血液和体液的循环过多地脱离了一只手或一只脚，那么这手或脚就会枯干；但是，如果这些肢体不是按照通常的时间和敷药，而是按照某人的命令或欲望突然治好了，这样一种活动就真正是奇迹般的了，正如同一个病人突然恢复健康一样，而手艺或自然要做到这点，就必须花费大量的时间和精力。

71. 因此，任何奇迹都不违背理性，因为其活动一定是可以理解的，而且实行这种活动在那可以随心所欲地支配一切自然原则的自然创造者看来是极为容易的。因此，所有那些在其中会产生任何矛盾的奇迹都是虚构的，例如什么圣母并没有张开身体的任

何通道基督就降生出来了;又如什么头颅脱离了身躯,舌头割下来了,还能讲好几天话;在天主教徒、犹太教徒、婆罗门教徒、伊斯兰教徒中可以碰到大量这一类的虚构,而在这一切地方,人们的轻信往往使它们成了其传教人手中的商品。

72. 下一步让我们来考察,上帝是不会如此滥用奇迹以至于胡乱地制造任何奇迹的。自然秩序若不是因为某种适应于神的智慧尊严的重大目的是不会改变、停止或前进的。而且,我们根据《圣经》和理性确实知道,任何奇迹若不是为了某种特别的和重大的目的是从来不会发生的,这种目的或者是需要奇迹的人所约定的,或者是实行这种奇迹的人所指定并宣布的。假如使徒们公开地治好了瞎子、聋子、跛子、病人,而这当然会使他们获得特别的尊敬;而且在有些地方甚至像神一样地受到崇拜,例如当保罗和巴拿巴在路司得轻易地就治好了一位天生的瘸子[①],就受到了这样的崇拜;但是,这只是为了使这些偶像崇拜者注意他们准备在路司得城所传布的教义的一种手段而已。在《新约全书》中所提出的奇迹,除了用来确认实现奇迹者的权威,用来获得人们对福音教义的注意或者为了类似的智慧和理性的目的外,并没有任何其它奇迹。

73. 根据这种准则,魔鬼们及仙女们、巫婆和邪术家们的著名法术,异教徒的怪事通通必须当作迷信虚妄的寓言;因为在这一切之中,看不到任何理应引起自然变化的目的。此外,它们是与我们关于上帝的观念显然相矛盾的,而且极大地破坏了神道。如若奇迹用来同时为二者服务,那么妖术的虚妄就会如同神的启示一样

① 《使徒行传》14.11 及其它。

得到相等的认可。不但如此，而且魔鬼及其代理人的奇事在数量和质量上都无限地超过了上帝及其仆人的奇事：如若在英国的每一个州，人们所相信的故事除了只是好人受考验，别无其它，（更不要说那些更加轻信的民族了，）那么上面的论断必定是有效的；因为值得注意的是，任何民族愈是处于无知和野蛮的状态，人们就会发现他们愈是大量充斥着这类性质的故事，而且畏惧魔王远远超过畏惧耶和华。总而言之，异教徒们按照这种看法，会进一步加深他们的偶像崇拜，而且把最丑恶的母夜叉或最下贱的占星家与先知们和使徒们相提并论。但是，为什么要用善良的理性来反驳纯粹的虚构呢？因为我要向任何假托历史事件中一切真实人物来编造这些骗人奇事的人提出挑战；而且，如果除了上帝的奇迹，我还相信任何别的奇迹，那么我同样敢于担保，只要我证明了《福音书》的善，我也立即可以证明《可兰经》的善。

74. 根据上面所已经观察到的，我无需再加补充，总之，一切奇迹只要是秘密地履行的，或者只在那些相信这些奇迹唯独给他们带来好处的那一部分人中履行的，就必须认作是伪造的和虚假的而加以拒绝；因为，正如它们经受不住道德确定性的考验一样，它们也是与自己本来的目的相矛盾的，因为它们的创造本来是为了有助于不信的人们。但是，〔人们却认为〕只有天主教徒才必然成为他们自己奇迹的目击者，而那些由于这些奇迹而改宗的异教徒决不可能成为其目击者：这些天主教徒们用一种奇迹来确认另一种奇迹的做法也是同样可笑的，例如他们靠着他们传说中可能看到的许许多多别的怪事来确认变体论的奇迹。

75. 根据所有这一切，必然得出结论，任何违背理性的东西，不论你们就其活动或就其目的而言，都不是奇迹般的。但是，有一种到处适用的古老区分：如有人说，虽然奇迹并不违背理性，可是它们确实超越理性。请问，是在什么意义下？是哪一个超越理性，是事物还是事物的方式？如果回答是指后者，我想反对者就会以为我把奇迹看作是某种哲学实验，或某些因其极为稀罕而使人惊奇的现象了。如果我能够说明一种奇迹是如何创造出来的，那么我相信我自己同样可以创造奇迹。但是，那可能称之为以这种或那种方式所完成的东西，也就不再成其为奇迹了。因此，这足以说明，无论谁只要能够借助同时抽引、减弱、混合、注入、巩固等等，(而这点也可以说是借助许多活动同时起作用)来控制自然，那么活动的真谛及其可能性就算得到了证明，因为奇迹是按照自然规律产生出来的，虽然超越自然规律通常的效果，因而得着了超自然地协助。

76. 但是，最后我要谈谈在本书的开端“此问题的状况”中，我曾认为事物的方式和事物一样都是可以解释的。但是，指的是什么呢？是指奇迹吗？不是；而是指这些奇迹创造出来原本是为了要加以确认的那些教义。我现在仍然坚持这种看法，而且还可以补充一句，我希望我也已经清楚地证明了这点。但是，过多地谈论奇迹，就会使得它们不再成其为奇迹了，这正好表明这种反驳的不近情理；虽然陷于困境的人通常是允许做任何事情的。

第五章　各种神秘是在什么时候、为什么以及由谁引入基督教的

77. “律法的目的就是正义”[①]，“耶稣基督来不是要废掉、而是要成全律法”[②]：因为他充分清楚地宣讲了最纯洁的道德，他教诲了那种合乎理性的礼拜和那些关于天国及天国事物的正义训示，而对这些东西，法律的陈述只作出了含混不清的说明和设计。因此，上帝在剥掉了那些使真理难于被人们了解的外在形式和仪式之后，他就使真理成为连智慧最低下的人都易于了解而且明白的东西了。他的使徒及信仰者在相当长的一段时期内保持了这种质朴，虽然很早以来各种弊病已经开始涉足其间。改宗的犹太人，由于仍然强烈地喜爱他们利未族的仪式和节期，宁愿保持这些仪式和节期，而同时又作为基督徒。因此，那些起初只是在脆弱的同宗教友中尚被容忍的东西，往后就在使徒的规定或传统的借口下成了基督教本身的一个组成部分了。

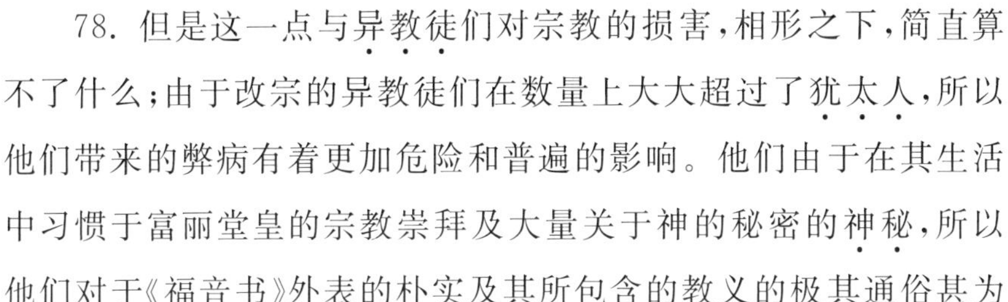

78. 但是这一点与异教徒们对宗教的损害，相形之下，简直算不了什么；由于改宗的异教徒们在数量上大大超过了犹太人，所以他们带来的弊病有着更加危险和普遍的影响。他们由于在其生活中习惯于富丽堂皇的宗教崇拜及大量关于神的秘密的神秘，所以他们对于《福音书》外表的朴实及其所包含的教义的极其通俗甚为

① 《罗马书》10.4。

② 《马太福音》5.17。

不满。另一方面基督徒们也在细心地替异教徒们扫清途中的一切障碍。他们认为，争取异教徒们的最有效的方法，就是用妥协的办法向他们让步，直到最后连他们自己也摆起了神秘的架子。可是从《福音书》中，除了洗礼和圣餐礼之外，很少能找到任何礼仪的前例，于是他们就在洗礼和圣餐礼之上加上异教徒的神秘仪式，从而稀奇古怪地改变了它们的原来面貌：他们以最严格的秘密来举行这些仪式；而且在任何细节上都不次于他们的对手，他们除了那事先准备好了的或被传授过秘诀的人之外，决不允许任何人参加这些仪式。而且，为了激励其新信徒产生最热忱的参加欲望，他们提出，如此千方百计加以隐藏的东西就是令人战栗的、不可言传的神秘[①]。

79. 因此，为了避免真理的最高贵的标志——质朴会遭到不信者的轻蔑，人们将基督教和彀神或酒神的种种神秘等量齐观。这是多么愚蠢而误会的关心！仿佛最不虔敬的迷信借助基督的名称就能成为神圣的东西似的，可是，人们使用这些谨慎的、谦虚的宗教替换词，主要只是意想博取更多的口头信仰者却不问他们是否诚心实意，其结局总是如此。

80. 一旦哲学家们想到转向基督教即是他们的利益之所在，情况就会日益恶化：因为他们不仅要保留他们各派别的风格、才华，有时甚至服式，而且还要保留他们绝大多数的错误见解。而且，当着他们宣称要以他们的哲学来捍卫基督教时，他们简直是把二者完全搅拌在一起了，以致以前人人都明了的东西，现在只有学

① 原书注出希腊文原文，兹从略。——译者

者们才能了解了，这些学者们更以他们喋喋不休的争论和华而不实的论辩使之难于了解了。我们切莫忘记，这些哲学家们不愿在基督徒中扮演一个平庸的角色正如他们过去在异教徒中所表现的那样，而要做到这一点，就不能不借助某些术语或不择手段地使一切都变得深奥难懂，从而使他们自己成为独一无二的说明一切的大师。

81. 一旦最高官长公开赞助基督教，这些弊病就几乎无法治疗了。因此，许多人表白他们也信仰国君所信仰的宗教，只是为了以此奉承朝廷和牟取名利，或者为了保持他们已得到的财产和名位。异教徒们在心中念念不忘这些；由此不难想象，他们连同自己也将他们固有的偏见带进一种他们纯系政治的考虑而皈依的宗教中去：既有这些异教徒们的先例在前，只要人们的良心是被迫的而不是出于信服，这样的情况在后来是经常发生的。

82. 热心的国君们建立了国立教堂，并把异教的庙宇、圣所、寺院或礼拜堂在使用期满后交给基督徒们使用，并且挂上十字架的标记以保证它们属于基督所有。所有他们的捐款，连同僧人、祭司、占卜师以及全体圣族的圣俸都给予了基督教的圣职人员。不仅如此，连他们固有的习惯，例如白麻布袈裟、法冠等等也保留下来了，正如人们料想的，使那些无法安于基督教徒的简朴贫穷生活的人们发生了不知不觉的变化。但是，这种做法最终就必然随之带来教士们的富有、奢华和尊严。

83. 由于事情处于这种条件下，而且洗礼和圣餐礼的仪式又很明显地增加了，因此，在我进一步论述以前，不妨先简略地谈一下古代异教徒的神秘和新杜撰的基督教的神秘相似之处。而且，我将尽力说明这点，以表明二者尽管主题不同，可是本性完全一样。

84. 首先，他们使用的术语恰恰相同而没有任何改变：他们都使用了传秘和超凡这样的词语。他们都把他们的神秘称之为启喻，臻于完善，能臻于完善的，观照等。他们都对传秘另眼看待，奉若神明。他们都把他们的传教人说成是启喻神秘者、受过秘诀者，主持圣礼者等。

85. 第二，传授秘诀前的准备工作是相同的。异教徒们事先要从事沐浴[①]和袚禳；斋戒[②]并避开妇女[③]；虽然有些更为聪明的人嘲笑过那些认为这些活动能够安天赎罪[④]的人。但是教父们，著名的教父们在所有这些事情上都模仿他们；而这就是戒除某些肉食、人们模拟式的一年一度的斋戒日及教士独身的起源。

86. 第三，基督教徒对他们的神秘保守秘密正如异教徒们所做的一样。克里梭斯特木说，“我们，关上了门，举行神秘仪式，把非接受传秘者锁在外面。”[⑤]罗马帝国的巴塞尔向我们保证，“神秘事物的庄严在于缄默。”[⑥]而辛涅西厄斯说，“不为人知，就使教仪倍增庄严，这也是为什么总把神秘托付给夜幕的缘故。”[⑦]但是，善

---

① 教士一边念念有词地把我送到附近的沐浴处。向神求赦之后，就扬起水来按习俗把我洗个洁净。——阿普雷乌斯

三次往头上洒水，三次把手伸向星空。——奥维德

② 我于是斋戒，饮清酒。——阿诺伯

③ 离开房室，那昨夜维纳斯带来欢乐的地方。——梯布鲁斯

④ 幻想用河水就能涤净那杀人大罪，是多么愚不可及！——奥维德

⑤ 原书注出希腊文原文，兹从略。——译者

⑥ 同上。

⑦ 原书注出希腊文原文，兹从略。——译者

良的辛涅西厄斯，在别人那里应受谴责的东西为什么在你自己的派别中却允许它存在呢？难道基督徒比异教徒更有权利接近神秘吗？

87. 第四，教父们小心翼翼地避免在不信者或新教徒面前清楚地谈到自己的神秘；因此你们经常会在他们著作中碰到如下的这些或类似的说法，“受传秘者知道并了解我所说的。”[①]而且，正如异教徒们贴出告示驱逐所有凡俗人离开他们的神秘一样[②]，原始教会的执事们在举行洗礼之前，更主要是在举行圣餐礼之前高声宣布，“凡是新信徒一律走开，凡非接受秘传者也请一律走出，”[③]或某些类似这样的话。

88. 第五，二者传秘的步骤和等级是一样的。异教徒有臻于完善的必要的五步。第一步，一般净身；第二步，更为秘密的净身；第三步，立于接受传秘者的行列中的自由；第四步，传秘；及第五步，看到一切事情的权利，或成为接受最高神秘者[④]。在基督徒中间，同样有忏悔者借以重新获得教团承认的五步。第一步，他们必需保持数年脱离会众，悔恨自己的罪过，因此这一步就叫作“悔罪”(Πρόκλαυσις)。第二步，他们转移到接近本教团的人，在这里于三年的期限内，他们可以听牧师讲道，但不许见到牧师：这一步因此而叫作“闻道”(’Ακρόασις)。第三步，在不少于三年的时间内，他们可以听到、也可以见到牧师讲道，但不许和会众混杂起来：这一个

① 原书注出希腊文原文，兹从略。——译者

② 把门对着凡俗人关上！

③ 原书注出希腊文原文，兹从略。——译者

④ 同上。

时期叫作“服从”(’Γπόπιωσιs)。第四步,他们可以与本教团的人站在一起,但不领圣体:这就是他们的“归宗”(Σύστασιs)。以及第五步.他们获得教团的承认,这就叫作“参悟”(Μεθεξιs)。新改宗者,就其准备参与神秘而言,要经过学友(catechumens);然后及格学友(competent);而最后接受最高神秘者(Epopts),完善(perfect),或信者(Belivers):这些正是毕达哥拉斯强加于其门徒的名称和品格上的等级。

89. 我可以更详尽地谈谈这种相同之点,但是上面这些便足以说明基督教是如何变得神秘的,而且足以说明如此神圣的一种组织,经过神父们和哲学家们的诡诈野心,如何堕落为纯粹的异教崇拜。

90. 在基督诞生后的最初一百年或一个世纪里,神秘还并不怎么流行;但是,在第二、三世纪,靠着各种礼仪,它就开始确立了。于是除洗礼外又增添了尝奶和蜜、十字标记、穿白袍等。随后很快又增加了教理问答、旧有的斋戒和看守、涂油、接吻以及规定管理时间。其次又增加了向接受洗礼者口中灌盐和酒、第二次涂油、还有按手:但是,更往后又有了无休止的灯光、驱邪、吸气或吹气,以及许多其他异教徒们原有的过分的虚饰。从这个源头,不仅在基督徒中产生了对预兆、前兆、星兆的信仰,产生了其它庸俗的观察;而且也产生了偶像、祭坛、音乐、教堂献祭及在教堂中对俗人及教士的不同座位:因为在使徒们的著作中根本没有类似这样的东西,而在异教徒们的书中却清清楚楚地包含着这些玩意,简直成了他们崇拜的实体。

91. 如此无聊简直无法详述的圣餐礼的全部礼仪就这样逐渐

被引进来了。人们就这样千方百计地使世界上最清楚的事物表现为神秘的，因而也就绝对歪曲并破坏了这些事物的固有本性和用途，而且即使凭借基督教界最纯洁的改革，尚未完全恢复过来。

92. 由于早期教士们的自身利益驱使他们去恢复神秘，因此，他们很快就借助神秘建立起一个独立的政治团体，虽然尚未立即制定各种秩序和等级。因为在最初的两个世纪内，我们尚未见到副补祭、读经师等等，更谈不上罗马教皇、红衣主教、主教长、都主教、大主教、首席主教、副主教、副监督、地方主教、顾问、教区牧师或他们数不清的扈从随员的名称或尊称了。但是，在不长的时间内，神秘就借口“主的葡萄园中的劳力者”为这些以及别些对人类的巧取豪夺开辟了道路。

93. 各种礼仪和戒律的法令或典制，为这种新状态增加了光彩，大大地影响了或麻痹了无知者的头脑；而且使他们相信他们果真是能够给一定时间、地点、人物或活动带来尊严的上帝和人之间的中间人。靠这种方法，教士们能够做到任何事情；他们最终垄断了解释《圣经》的唯一权利，并且以此要求承认他们自身的绝对无误性。

94. 这就是基督教神秘的真正起源及发展；而且我们可以观察到在它们的形成中礼仪起了多么大的作用。这些礼仪必定会使心灵脱离宗教的本质，并且引导人们进入危险的错误之中：因为，礼仪既然容易被人们看到，因此每一个严守这些礼仪的人，都自认为是完全虔诚的。但是，未必有什么东西会比礼仪和基督教之间的对立这样根深蒂固的了。基督教认为宗教对全世界都是明白的，而礼仪却以纯粹武断意义的神秘外衣来表达宗教。

95. 由此，显而易见，礼仪是以迷惑莫解来代替解释；但是，假定礼仪使事情变得更易于了解，那么具有这种礼仪的宗教也就是最好的宗教了，因为这些礼仪总的说来是、而且可以成为同样有意义的。洗礼者手中持有一根蜡烛，标志着福音书的光明，这无论在哪一点上看来，都如同十字架的标记标志着承认基督是他们的主人及救世主一样，是一种很好的礼仪。酒、牛奶、蜂蜜标志着精神的滋养、力量和喜悦，正如面对福音书站立表示我们准备聆听它或表示信仰它。

96. 质言之，最高的狂热莫过于将宗教置于这些蠢事之中；最卑鄙的事莫过于借助这些奸诈诡计使福音变得无效，除非它只为某一派别服务。但是，我在别处将有更好的机会来详论礼仪这个主题。在这里，我对它们的研究仅限于说明它们创造了异教徒的神秘，其后又将其引入，构成了基督徒的神秘。但是，犹如基督徒人数众多而使一切秘密仪式几乎成为不可能，所以如果还要保持神秘，势必故意把事情弄得完全不可理解。在这一点上，我们那些自称的基督徒超过了异教徒们的一切神秘，因为异教徒的神秘的荣誉可能由于任何接受传秘者的发现和胡言乱语而遭到破坏；但是，这些新的神秘却被安全地置于一切感觉和理性所不可企及的地位。

结　束　语

至此，我已经尽力向读者表明了我自己充分相信的看法，即在基督教或最完善的宗教中不存在任何神秘；而且，由此可见，任何矛盾的或不可设想的东西，尽管被人们当作信条，却不能包含在福音书中，如果福音书确实是上帝的言语：因为截至目前，我只是根据这种假设来论证的，其理由在《前言》的末尾可以看到。因此，我的下一项任务就是证明（上帝也乐意我这样做）《新约全书》的教义是清晰的、可能的，配得上是上帝所讲说的，而且也完全是为了适合于人的最高利益而被启示的。或许有些人并不因为我承担了如此有益的一项任务而感谢我；而另一些人会根据我已经做的事情而称我为一个天生的异教徒。但是，既然我的行动准则只是履行义务而决不是为了博取别人的称赞，因此，上帝知道，我决不会计较这种廉价而可笑的异教徒的绰号，正如在我以前的保罗所做的那样[①]：因为我除了真理之外并不承认任何正统；而且，我确信哪里存在着真理，哪里也就一定存在着教会，我指的是上帝的教会，而决不是指任何人类派别或政治团体。况且，现在异端的污名由于人们的无知、冲动或恶意，随时可以加在别人身上，如同爱伦纽

① 《使徒行传》24.14。

斯及伊皮法纽斯时代一样，所以用它来代替辱骂这个难以想象的“最高荣誉”都还要厉害许多倍。

某些善良者可能会说，假定我的意见并非完全正确，那么它就可能引起许多危害；因为当人们发现他们自己在宗教的某一点上受到欺骗，他们马上就会对全部宗教发生怀疑。这种攻击很明显是想象出来的，而不是真正提出来的；再说，如果不怀好意的人辱骂我的看法，正如他们经常辱骂学问、理性、《圣经》及世界上最美好的事物一样，那么这也丝毫无损于我的看法。但是，每一个人都可以清楚地看到，正是不公正地加在宗教头上的那些矛盾和神秘促使许多人成为自然神论者和无神论者。而且，还应该考虑到，不了解这点因而被真理的突然光辉弄得眼花缭乱的人，与那些借真理之光可以清楚地观看一切的人相比，毕竟只占少数。因为，当教士的诡诈在改革时被公开揭露出来后，有若干人转变为自由派和无神论者，难道能因此而责怪路德、加尔文或茨温利[①]吗？与自由派和无神论者关系最大的是那极少数带有偏见的怀疑论者，还是那许多从罗马迷信中改宗过来的人呢？因此，为了决不饶恕以任何借口出现的错误，我决定无论在哪里只要我有能力或机会揭穿它的本来面目，我决不采用软弱无力、婉转曲折的口吻，而使我的努力归于无效。

① 茨温利(Huldreich Zwingli，1484—1531)瑞士宗教改革运动的领袖。——译者

译　后　记

《基督教并不神秘》一书是英国十七世纪末至十八世纪初的著名唯物主义思想家、自然神论者约翰·托兰德的一本代表性著作，对于我们研究这一时期的哲学思想及自然神论的观点有一定的参考价值。

本译本是根据西德弗罗曼出版社1964年影印的1696年该书伦敦第一版译出的。

本书的希腊文注是请顾寿观同志译的，拉丁文注是请唐逸同志译的。顾寿观同志指出，该书希腊文注有些古希腊文手写体字迹不清，间或还有讹误之处，可是目前又无其他版本可以勘对，所以只好试着作了校读，据以译出。拉丁文注亦有个别字有讹误，唐逸同志也指出来了。对他们的热情帮助，在此致以谢意。

本书译文容有不妥之处，请读者指正。

约翰·托兰德生平和著作年表

(1670—1722)

诞生和成长:1670—1690

罗马天主教徒改宗基督新教

一六七〇年　诞生

▲ 十一月三十日:约翰·托兰德* (John Toland)诞生于爱尔兰岛北部海口城市伦敦德里(Londonderry)附近的依尼斯豪文(Inishowen)半岛一个罗马天主教徒家庭**,得名尤尼各斯·雅努斯(Junicus Janus)。

△ 英国唯物主义哲学家约翰·洛克(John Locke, 1632—1704)担任艾释黎勋爵(Lord Ashley,1621—1683)的私人医师、秘书(1667)以来,哲学见解迅速成熟,开始构思《人类理解论》(*Essays of the Human Understanding*)。次年,向友人系统介绍若干内容。

△ 荷兰唯物主义哲学家斯宾诺莎(Baruch Spinoza,1632—1677)的《神学政治论》*** (*Tractatus Theologico-Politicus*)匿名出版于阿姆斯特丹,书上所署出版处则是"汉堡"。1689 年,英译本出版。

◉ 英国斯图亚特王朝复辟时期（1660—1714），查理二世（Charles II，1630—1685，1660/85）在朝。

* 又译：陶兰，见《世界文明史·卢梭时代的宗教》台北幼狮文化事业公司，1978年，第168页；陶兰德，见柏雷著、罗志希（家伦）译《思想自由史》（332页）商务印书馆，1927/34，第170页；托伦特，见李石岑、郭大力译《朗格唯物论史》（506页）中华书局，1934年，第324页；涂兰，见雷岱尔著、郑学稼译《社会主义思想史》（956页）上海黎明书局，1933年，第73页。

** 实际上身世不详，既说不上他生于爱尔兰确否，也讲不清其他事迹之实情。他的墓志铭记载他生于爱尔兰的德里（Derry，伦敦德里之古称）；有些材料说是伦敦德里附近的红堡（Redcastle），本表根据《英国人名辞典》第19卷第918页；而当时的吉伯生（Gibson）又持一说，见1694年条。想来，说他早年是个流浪儿，其言恐非无根。

*** 又译：宗教政治论，见《思想自由史》第176页。

一六七一年　一岁

△ 第三代舍夫茨别利伯爵*（Third Earl of Shaftesbury，Anthony）诞生；再过五年，1676年，柯林斯（Anthony Collins）诞生；在这之前，1667年，惠斯东（Whiston）诞生，1653年，丁铎尔（Matthew Tindal）诞生，加上吴拉斯东（Thomas Woolaston），他们差不多是同一辈人，在思想上不同程度受到切尔伯雷的赫伯特（Edward Herbert of Cherbury，1st Baron. 1583—1648）英国自然神论先驱者的影响，在英国资产阶级革命的重要阶段，宗教改革进行过程中，竞相提出自然神论观点，他们相互补充，蔚为壮观，形成了强

大的思潮，既促进了法国无神论的成长，也影响了德国的唯物主义。

* 他的祖父，第一代伯爵是洛克的庇护人，他自己是在洛克教育下成长的，他又与托兰德友善，并资助托兰德。

一六七二年　二岁

◉ 三月十五日：查理二世颁布第二次“宽容宣言”(Declaration of Indulgence)，* 声言允许非国教教士传道，以便借此恢复天主教徒的政治权利，因遭议会反对，次年三月八日被取消。

◉ 三月十七日：第三次英荷战争爆发，1674 年二月九日结束，签订西敏条约。

* 又译：信教自由令，见海斯著、曹绍濂译《近代欧洲政治社会史》上卷(841 页)商务印书馆，第 417 页。著名文学家班扬(Bunyan，1628—1688)两次被捕，两次都是“宣言”发布后获释，第一次“宽容宣言”于 1666 年颁布。

一六七四年　四岁

△ 九月八日：英国诗人、激进的政论家约翰·密尔顿(John Milton，生于 1608 年)去世；不久，1677 年九月十一日，哈林顿(Harrington，生于 1611 年)去世。

一六七五年　五岁

△ 洛克友人，法国空想社会主义者德尼·维拉斯(Denis Vairasse，生卒年不详)上年离英回国，本年，他的《塞瓦兰人的历史》(*Histoire de sevarambes*)第一章出版。全书英译本至 1738 年始出版。

一六七九年　九岁

△ 十二月四日：英国唯物主义哲学家、政治思想家托玛斯·

霍布士(Thomas Hobbes,生于1588年)在九十一岁高龄上逝世于伦敦。晚年他已经筋疲力尽不问世事。莱布尼茨来英访问时(1673年),接受大家劝止就没有来拜候霍布士。

一六八〇年　十岁

△ 英国政治思想家费尔默(Sir Robert Filmer,1588/89?—1653)的《先祖论,即论国王之自然权》*(*Patriarcha, or the Natural Power of Kings Asserted*)出版。

* 这位王权神授说的拥护者,主要阐述詹姆士一世喜欢引用的拉丁成语"国王受命于上帝,法律产生于国王"(A deo rex, a rege lex)。又译:父权国,见谢义伟译《政治学说史》,上海神州国光社,1931年,中册,第200页。

一六八三年　十三岁

◉ 在配第(Sir William Petty,1623—1687)支持下,物理学家、思想家莫利纽(William Molyneux,1656—1698)在爱尔兰的都柏林成立哲学会。

◉ 辉格党(Whig)* 失势,第一代舍夫茨别利伯爵、洛克先后逃亡荷兰,伯爵并于本年去世。

◉ 英格兰国教会牧师通过"牛津判决和宣言"(Judgement and Decree of Oxford)。

* 又译:民权党;另一个托利党(Toris)又译保守党,见《英伦欧陆的兴革》第144页;又译:民党、王党,见《近代欧洲政治社会史》第418页。

一六八五年　十五岁

△ 爱尔兰唯心主义哲学家贝克莱(George Berkeley,1685—

1753)诞生于爱尔兰基尔肯尼。

◉ 二月:查理二世死,詹姆士二世(James II, 1633—1701, 1685/88)继位。

◉ 六月:蒙茅斯公爵詹姆士(Monmouth, James Scott, Duke of,1649—1685)等在英国西南各郡、苏格兰等处登陆发动起义,反对詹姆士二世失败。

一六八六年　十六岁

▲ 几年来,在红堡上学,接受老师的意见,改名叫约翰,以代替原来受洗所得名;思想上按受新教信仰。

一六八七年　十七岁

▲ 东渡北海峡,前往苏格兰,进入格拉斯哥大学,后更由西岸到东岸,转到爱丁堡大学,苏格兰自十五世纪以来,大学教育发达,先后建立三所大学。

一六八八年　十八岁

◉ 六月:宫廷政变,英国发生所谓"光荣革命",斯图亚特王朝国王詹姆士二世仓皇逃往法国;十一月:奥伦治亲王(1650—1702)从荷兰率军入英,次年登基,为威廉三世(1689 — 1702)。

◉ 复辟时期,英国教会迫害反国教者,六万人受难,五千人死于狱中。

一六八九年　十九岁

△ 春季:洛克三年前以拉丁文写给友人林保爵士(Philip van Limborch, 1633—?)的取名《论宗教宽容的信》(*Epistola de Tolerantia*)匿名出版于荷兰古达(Gouda)。*

★ 洛克是这种自由思想的始祖,而在舍夫茨别利和博林布罗克那里自由思想就已经具有一种巧妙的形式，这种形式后来在法国得到了十分顺利的发展。（见马克思、恩格斯：《〈新莱茵报。政治经济评论〉新2期上发表的书评》。《马克思恩格斯全集》7:249）

* 中文本：希文摘译，见宗教研究所编《世界宗教资料》1980年第三期第41—48页。有吴云贵全译稿。

无神论思想家：1690—1697

从自然神论经过泛神论形式转向无神论

一六九〇年　二十岁

▲ 六月：在爱丁堡大学，得到文学硕士学位。

▲ 回格拉斯哥小住。原拟由此返爱尔兰，后改往南去英格兰，在伦敦城的克拉彭（Clapham）区教家馆，最初在高尔特（Gold）夫人家，平日出入一些新教人家。

▲ 相传，大学毕业前后，他向苏格兰大主教剖白宗教信仰，申请工作未遂。

◉ 苏格兰长老会成立。

一六九二年　二二岁

△ 本特利（Richard Bentley，1662—1742）的《无神论和当今所谓自然神论*的愚蠢》（*The Folly of Atheism And* 〔*What is now called*〕*Deism*）出版。

* 又译：理神论，见樊炳清编《哲学辞典》第630页。

一六九三年　二三岁

▲ 一位热心的牧师为之募捐，资助他去荷兰深造。

▲ 在来顿，受教于斯帕海姆(Frederick Spanheim)门下。

▲ 结识瑞士新教神学家、阿姆斯特丹神学院教授勒·格勒克(Jean Le Clerc, 1652/57—1736)，格勒克于1686年创办《世界和历史丛刊》(*La Bibliothèque Universelle et Historique*)，通过自己广泛的交游联系，沟通学术出版情况，知名学者莱布尼茨、波义耳、洛克都是他组稿对象。

▲ 把威廉斯(Daniel Williams)的《福音真理》(*Gospel Truth*)一书写出提要，供给《世界和历史丛刊》，该杂志于本年终刊。

△ 八月：英国侨荷商人，藏书家佛里(Benjamin Furly，1636—1714)从鹿特丹写信给洛克(已于1689年回英)，提到勒·格勒克写了封信向洛克介绍托兰德。

一六九四年　二四岁

△ 友人约翰·弗雷克(John Freke，1652—1714)，中殿法学协会会员，接近洛克，前后两年。

▲ 一月：回国，到牛津。

▲ 五月：在牛津开始撰写《基督教并不神秘》(*Christianity not Mysterious*)。***

△ 六月：吉伯生博士*(Dr. Edmund Gibson，1669—1748)写信给沃尔西爵士(Sir Worthy)，提到托兰德生于法国，其父为爱尔兰神父，其母为法国人。**

◉ 七月：英格兰银行(The Gevernors and Company of the Bank of England)在伦敦设立。全欧洲金融交易最重要中心，一直是在意大利，然后是在荷兰，现在英国资产阶级决心使之转到英国来，以建立对世界的霸权。

* 吉伯生,1686 年在牛津皇后学院学习,1692 年编《萨克逊大事记》(*Saxon Chronicle*),1716 年任林肯郡主教,1723 年任伦敦主教。

** 见《英语研究评论》(*Review of English Studies*),1949 年,第 346 页,清华大学图书馆藏。

*** 参看马勒特(Charles Edward Mallet):《牛津大学史》(*A history of the University of Oxford*,1927 年)第 12 页,北京图书馆藏。

一六九五年　二五岁

△ 洛克的《基督教的合理性》*(*The Reasonableness of Christianity*)匿名出版于伦敦。

* 又译:基督教之合于理性,见《思想自由史》第 170 页。

一六九六年　二六岁

▲《基督教并不神秘》*(184 页)匿名出版;同年署名出版。作者公开宣布自然神论原则,引起宗教界轰动,前前后后,六十年内召来约五十篇文章和著作的攻击。** 公众最初把这部著作当作是洛克所著,与洛克上年的《合理性》相提并论,有的径直指斥为索西尼异端分子。

◉ 英国颁布航海条例,提供英国资产阶级便于垄断殖民地贸易的法律根据。

* 又译:基督教非不可思议者,见樊炳清编《哲学辞典》(1017 页)商务印书馆,1926/35 年,第 178 页。《辞典》列有人名托兰专条,生年为 1667 年;基督教不是神秘的,见《思想自由史》第 170 页。

** 参看美国《社会科学百科全书》第十四卷第647页。

一六九七年 二七岁

▲ 前往爱尔兰，身为格勒克的学生，洛克的友人，受到莫利纽热情接待。

▲ 前往都柏林，适逢爱尔兰议会没收《基督教并不神秘》一书，并追究责任，绞刑吏正奉命当众焚书（九月）。后来，英格兰米德尔塞克斯（Middlesex）大陪审团宣布该书为有碍社会视听者。

▲ 逃到伦敦，以免被捕。

▲ 撰写《答辩》（*An Apology for Mr. Toland*）。

△ 伍斯特主教（Bishop of Worcester，俗名：Edward Stillingflet，1635—1699）的《为三位一体辩，并答凡以理性反对启示和密宗者》（*A Discourse in Vindication of the Trinity*）出版。

△ 布朗（Peter Browne）的《一封信，答〈基督教并不神秘〉一书》（*A Letter in Answer to a Book Entitled Christianity not Mysterious*）出版。

△ 四月：都柏林的莫利纽写信给洛克，提到托兰德是"耿直的自由思想家（free-thinker），优秀学者"。*

* 有人认为，自由思想家一词首见于此信札。

激进的政论家：1698—1703

坚持原则，拥护进步，反对复辟

一六九八年 二八岁

▲《约翰·密尔顿生平》*（*The Life of John Milton*）作为序

言收于所编《约翰·密尔顿历史、政治、杂著大全》(*A Complete Collection of the Historical, Political, and Miscellaneous Works of John Milton*)第二卷出版于伦敦。书上出版处署“阿姆斯特丹”,书后附伪书《君主本相》(*ε'ικ ὼν βαοιλική/Eikon Basilike*)出笼始末记**。

◉ 英国政府颁布渎神法案***(Blasphemy Act),宣布禁止攻击基督教教义三位一体等学说,不许违背《圣经》等等,违者逮捕法办。

* 本文今见于达比谢尔(Helen Darbishire)编《密尔顿传记最初撰本》(*Early lives of Milton*)1932 年,第 83—198 页,北京图书馆藏。

** 又译:妖魔形象,见《英伦欧陆的兴革》第 69 页。这部伪书冒称查理一世手记,出版于海牙,正当查理受斩不几天。有人说“如果早问世一周,皇上也许不会遭此厄运”。密尔顿于第二年,1649 年即著《偶像破坏者》(*Eikonoklastes*)一书揭穿骗局。后来,作者埃克塞特主教高登(John Gauden,1605—1662)向克拉伦顿勋爵(Lord Clarenden)即海德大臣(Chancellor Hyde)供认不讳,伯纳特(Burnet)也于 1674 年向约克公爵(Duke of York)提到伪书作者确系高登。

*** 又译:侮神律(Blasphemy Law),见《思想自由史》第 177 页。这个法案与 1662 年的出版法案(Press Licensing Act)等遥相呼应,构成宗教信仰法律体系,牢牢钳制人们的信仰自由。

一六九九年　二九岁

▲《阿敏托,或为密尔顿生平一文申辩》(*Amyntor, or a*

Defence of Milton's Life)出版。

▲ 为所编《霍利斯勋爵(Lord Holles Denzil,1599—1680)回忆录》(*Memoirs of Denzil,Lord Holles*)写序言。本书是他受纽卡斯尔公爵(Duke of Newcastle)约翰·霍利斯(John Holles)委托编辑的。

一七〇〇年　三〇岁

▲《哈林顿生平》(*The Life of Harrington*)收于所编《詹姆士·哈林顿所著〈大洋国〉及其他》(*The Oceans of James Harrington and His Other Works*)出版。该书得到哈利赞助得以进行,从此,两人关系密切。

△ 法国百科全书派、法国唯物主义者,这些继承培根、霍布士、洛克的思想家,最初一批在十七、十八世纪之交陆续诞生:孟德斯鸠(1689)伏尔泰(1694)魁奈(1694)布丰(1707)拉美特里(1709)马布利(1709)等等。

★ 经济上落后的国家在哲学上仍然能够演奏第一提琴:十八世纪的法国对英国(而英国哲学是法国人引为依据的)来说是如此,后来的德国对于英法两国来说也是如此。(见恩格斯:《致康·施米特,1890 年 10 月 27 日》。《马克思恩格斯全集》37:490)

◉ 议会禁止从海外输入廉价棉织物,以保护英国本土棉纺工业。

◉ 非国教各派得到发展,广设学校训练自己的神职人员,培养世俗社会工商职业人员。

一七〇一年　三一岁

▲《自由的英格兰》(*Anglia Libera*)出版,作者将本书献给纽

卡斯尔公爵，拥护王位继承法，支持大陆汉诺威皇室世系对英国的继承权。

▲《党派统治的艺术》(*The Art of Governing by Parties*)出版。

▲ 六月：奉命和马汉勋爵(Lord Mohun)随麦克莱斯菲伯爵(Earl of Macclesfield, Charles Gerard, 1659? —1701)出使汉诺威宫廷，伯爵携带王位继承法向索菲娅公主(Princess Sophia)解释。七月离英，秋季回国。*

◉ 六月：英国颁布王位继承法**(Act of Settlement)明文规定英国王位传给英国王室血统的索菲娅公主——汉诺威选帝侯之妻(詹姆士一世的孙女)或其血统的新教徒继承人，从而剥夺了斯图亚特王朝的长系的继承权利，并且，从此，各部大臣向议会而不必向国王负责，内阁由在议会中占多数的政党代表组成。

◉ 辉格党在议会中占优势。

◉ 非国教徒，辉格党家庭出身的罗伯特·哈利(Robert Harley, 1661—1724)后来的第一代牛津伯爵(1st Earl of Oxford, 1711年)当选下议院议长(1701—1705)。

◉ 英国参加西班牙王位继承战争(1701—1713)。

* 参看《英国人名辞典》(二十一卷合订本，原六十六卷，包括补遗三卷)第七卷杰拉德(Gerard)条，第1096页，中国科学院图书馆藏。

** 又译：践阼法案，见《英伦欧陆的兴革》第184页。

一七〇二年　三二岁

▲《基督教并不神秘》第三版出书，附作者的《答辩》。

▲ Vindious Liberius 出版

◉ 斯图亚特王朝末代女王安娜登基（Anne，1665—1714，1702—1714）。

唯物论哲学家：1704 — 1713

继承布鲁诺，配合洛克，推进唯物论

一七〇四年　三四岁

▲《致塞琳娜的信》（*Letters to Serena*，190 页）出版。后来，法国无神论者霍尔巴赫（Paul Henry Holbach，1723—1789）译之为法文，题为《哲学书信》（*Lettres Philosophiques*）于 1768 年出版。

▲《运动是物质的本质》（*Motion Essential to Matter*），本文收于上书。

△ 十一月二八日：洛克逝世于挚友马汉夫人家。晚年，自 1697 年，洛克即定居于距伦敦三十公里的埃塞克斯郡奥德斯（Oates）镇，受到多年老友的照顾，这位终生不娶的六十五岁的思想家，就这样，精神上得到莫大安慰，度过生平最后阶段。

◉ 哈利得到马尔波罗公爵（1st Duke of Marlborough，John Churchill，1650—1722）的支持，出任国务大臣（1704—1708），雇用文人笛福（Daniel Defoe，1660—1731）斯威夫特*（Jonathan Swift，1667—1745）等撰写政论文章宣传自己政见。

* 斯威夫特有一次提到托兰德，说他是哲学家。

一七〇五年　三五岁

▲《普鲁士、汉诺威两宫廷纪实》（*Account of the Courts of*

Prussia and Hanover)出版。*

▲《英国政府编年史》(*The Memorial of the State of England*)出版,以回答德雷克(James Drake)和波利(Poley)的《英国教会编年史》(*Memorial of the Church of England*)。

* 卡莱尔(Thomas Carlyle,1795—1881)撰写《弗里德里希大帝传》时参考了本书。

一七〇七年　三七岁

▲ 受哈利委派前往柏林,汉诺威,杜塞多夫,又辗转前赴维也纳,布拉格,直至年终两袖清风回荷兰。

▲ 为哈利、马尔波罗等写辩护文章《英国政府编年史》等,在当时党争瞬息万变情况下,他的这两位雇主政治态度是随时变化的,托兰德有自己的见解,因而和他们的关系并非稳定,以致最后断绝了来往。

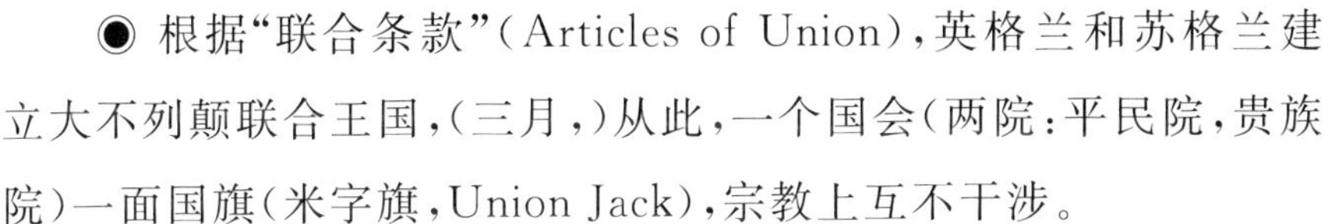

◉ 根据"联合条款"(Articles of Union),英格兰和苏格兰建立大不列颠联合王国,(三月,)从此,一个国会(两院:平民院,贵族院)一面国旗(米字旗,Union Jack),宗教上互不干涉。

一七〇八年　三八岁

▲ 大约在荷兰逗留期间,结识欧仁亲王(Prince Eugène de Savoie-Carignan,1663—1736)*。

* 正是这位亲王,于1714年在维也纳会见到莱布尼茨后,请后者把自己的哲学见解扼要写下来,于是后者写了《单子论》。

一七〇九年　三九岁

▲ Adeisidaemon 出版于海牙。作者把本书题献给志同道合的自然神论思想家柯林斯。

▲《犹太民族溯源》(*Origines Judaicae*)出版于海牙。

△ 四月:莱布尼茨从汉诺威来函。

▲ 十二月二八日:从阿姆斯特丹给德国某贵族发一函。

△ 约翰逊(Samuel Johnson, 1709—1784)诞生。他于四十年代末编《英语大词典》(1755 年问世),哲学家弗兰西斯·培根,洛克等的文字在这部《词典》的书证中占重要比重。*

* 参看范存忠:英美词典及其有关问题,见上海外国语学院学报《外国语》1981 年第一期第七页。

一七一〇年　四〇岁

▲ 回国。

▲《关于萨薛弗利博士*问题一个英国人给荷兰人的信》(*Lettre d'un Anglois à un Hollandois au sujet du Docteur Sacheverell*)出版。

◉ 国内政治思想斗争和工商业活动十分频繁,辉格党和托利党的勾心斗角、国教会和非国教各派的无穷争论、伦敦的金融活动、海上霸权的争夺、殖民地贸易的竞争,在在需要思想的交流、消息的沟通,各种报刊应运而生:《闲话报》(*The Tattler*, 1709—1711)《旁观者》(*The Spectator*, 1711—1712)《监护者》(*The Guardian*)《英国人》(*The Englishman*, 1713—1714)等等。

* Henry Sacheverell,(1674—1724)英国高教会教士,反对王位继承法,不同意汉诺威王室信奉新教的英国血统后人入主英国。1712 年的《呼吁正直公众,反对邪恶教士》邪恶教士即指这位萨薛弗利博士。

一七一一年　四一岁

▲《埃普索姆的情况介绍》(*Description of Epsom*)出版。

◉ 南海公司成立，大搞股票投机活动，卒于十年不到的时间就倒闭。

一七一二年　四二岁

▲《反对教皇制度》(*A Letter against Popery*)出版。

▲《女王陛下封汉诺威选帝侯为我国贵族之理由》(*Her Majesty's Reasons for Creating the Electoral Prince of Hanover a Peer of the Realm*)出版。

▲《呼吁正直公众反对邪恶教士》出版。

一七一三年　四三岁

▲ 意大利无神论思想家布鲁诺(Giordano Bruno，1548—1600)的《驱逐趾高气扬的野兽》(*Spaccio de la bestia trionfante*，1584 年于巴黎)英译本 The Expulsion of the Triumphant Beast，译自意大利文，匿名出版于伦敦。英国博物馆书目系之于托兰德的隔山兄弟莫海特(W. Morehead)名下，巴多梅(Bartholmèss)则考证是托兰德所译。*

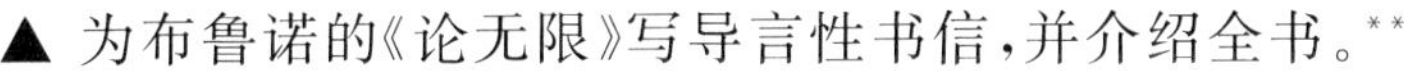

▲ 为布鲁诺的《论无限》写导言性书信，并介绍全书。**

▲《复辟的行为》(*The Act of Restoring*)出版。本书把蒙克将军(General George Monck，1608—1670)由拥护克伦威尔转而为查理二世斯图亚特王朝复辟开道的复辟行径和当时牛津勋爵哈利的作为相比拟。当然，哈利再不周济托兰德了。

▲《敦刻尔克和多佛》(*Dunkirk and Dover*)出版。

▲《把犹太人同化的理由》(*Reasons for Naturalising the Jews*)出版。

◉ 辉格党执行战争政策，国家债台高筑(1714 年达五千四百万镑),导致托利党得以上台。

◉ 三月:乌得勒支和约签订,西班牙王位继承战争结束。

* 见该书英译本第 281 页,北京图书馆藏。

** 见林赛(Jack Lindsay)译《原因、本原和一》(布鲁诺),1962 年,纽约,第 153 页,北京图书馆藏。

《圣经》批判者:1714—1722

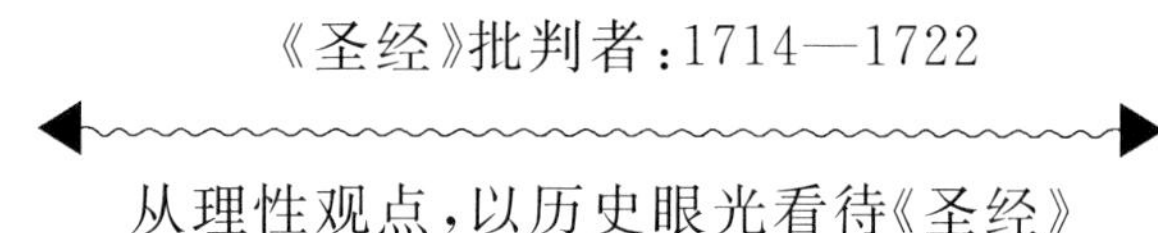

从理性观点,以历史眼光看待《圣经》

一七一四年　四四岁

▲《索菲娅公主……挽歌》(*The Funeral Elegy … of the Princess Sophia*)出版。

▲《重大秘密之败露》(*The Grand Mystery laid open*)出版。本书为汉诺威王室继承英国王位提出辩护。

◉ 六月:索菲娅公主去世;八月:英国安娜女王去世;汉诺威选侯根据王位继承法成为英王,乔治一世(George I,1660—1727,1714/1727)登基。

◉ 辉格党在选举中获得重大胜利,结束了托利党短暂的执政。

一七一五年　四五岁

△ 法国启蒙运动又一批重要思想家、实干家相继出世:狄德罗(1713)卢梭(1712)雷纳尔(1713)爱尔维修(1715)孔狄亚克(1715)达兰贝(1717)霍尔巴赫(1723)杜尔阁(1727)等。

一七一七年　四七岁

△ 十一月:德国启蒙思想家蒂欧多·路德维希·劳(Theodor

Ludwig Lau,1670—1740)写《反驳书》批驳哈雷大学法学院对他的迫害,接着并附哲学诗,直寄他在法学院的老师托马修斯。在诗中,他把托兰德和马基维里、笛卡尔、霍布士、斯宾诺莎并称为反对宗教信仰的先驱。

实际上,托兰德等一大批英国自然神论者对于德国思想家的影响是巨大的。他们的著作大量翻译为德文出版。*

* 参看斯蒂勒编、郭官仪、李黎译《马克思主义以前的德国唯物主义史论丛》,商务印书馆,第183页。

一七一八年　四八岁

▲《拿沙连派,或犹太人、非犹太人和穆罕默德的基督教》(*Nazarenus, or Jewish, Gentile and Mahometan Christianity*)出版。

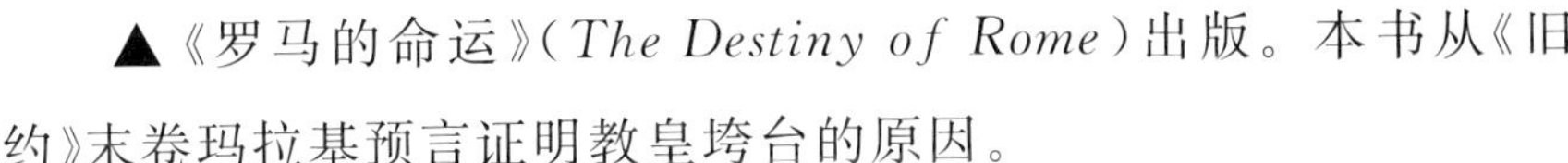

▲《罗马的命运》(*The Destiny of Rome*)出版。本书从《旧约》末卷玛拉基预言证明教皇垮台的原因。

▲ 定居于英格兰的普特尼(Putney)。

△ 英国尺牍作家蒙塔古夫人(Lady Mary Wortley Montagu,1689—1762)随丈夫出使土耳其(1716年),本年回国。在土耳其期间,她和人们闲谈,了解国内情况,打听托兰德等人的活动,可见托兰德在社会上颇受注意。*

* 参看《思想自由史》第171页。人名译为:孟大鸠夫人。

一七二〇年　五十岁

▲ 文集《德拉德姆》(*Tetradymus*)出版。本书共四篇:《贺德古斯》(*Hodegus*),论云柱、火柱等所谓神迹;《克里多伏鲁,即关于显教教义、密教教义》(*Clidophorus, or of the Exoteric and*

Esoteric Philosophy);《希巴蒂娅》(*Hypatia*),论述希巴蒂娅这位古希腊数学家遭到狂热教徒杀害的经过;《迈哥涅奥茨》(*Mangoneutes*),为《拿沙连派》一书辩护。

▲《泛神论者的神像》*(*Pantheisticon*)出版。

▲ 接受莫勒斯沃蒂子爵(Ist Viscount Molesworth, Robert, 1656—1725)的委托,弄清南海公司破产内情,写《南海公司阴谋秘史》(*The Secret History of the South-Sea Scheme*)**。

* 又译:泛神书,见〔俄〕萨莉莫娃著、陈兆福等译《托兰德的唯物主义》,收于《哲学译丛》1957年第一期。

** 参看:爱德华(Paul Edwards)主编《哲学百科全书》(*The Encyclopedia of Philosophy*)第八卷第141页托兰德条(141—143)保定河北大学图书馆藏。

一七二一年　五一岁

▲ 经莫勒斯沃蒂子爵同意,印行舍夫茨别利伯爵给子爵的信札。可惜此事事先未征得伯爵同意,这一冒犯,伯爵不再周济他。

▲ 过隐居生活,贫病交加中,撰写《无需医生的医学》(*Physic Without Physicians*)。

一七二二年

▲ 三月十一日:去世。

△ 自称"一位亲密的朋友"者出版一部有关托兰德的传记,十分单薄,不过是著作目录而已。

图书在版编目(CIP)数据

基督教并不神秘/(英)约翰·托兰德著;张继安译.
—北京:商务印书馆,2017
(汉译世界学术名著丛书:120 年纪念版:珍藏本)
ISBN 978-7-100-14837-5

Ⅰ.①基… Ⅱ.①约… ②张… Ⅲ.①基督教—研究 Ⅳ.①B978

中国版本图书馆 CIP 数据核字(2017)第 160076 号

汉译世界学术名著丛书
(120 年纪念版·珍藏本)
基督教并不神秘
〔英〕约翰·托兰德 著
张继安 译
吴云贵 校

商 务 印 书 馆 出 版
(北京王府井大街 36 号 邮政编码 100710)
商 务 印 书 馆 发 行
北 京 冠 中 印 刷 厂 印 刷
ISBN 978-7-100-14837-5

2017 年 12 月第 1 版　　开本 710×1000 1/16
2017 年 12 月北京第 1 次印刷　　印张 9¼
定价:46.00 元